U0839522

STATE OF THE WORLD DEVELOPMENT

# 世界发展状况

2012

国务院发展研究中心世界发展研究所编

时事出版社

## 编辑委员会

# 前　言

2011年，可谓多事之年。国际关系错综复杂，国际秩序前所未有的混乱；国际金融经济形势异常险峻；全球自然灾害空前频繁而严重；我国面临的外部挑战更为现实和严峻。世界和平发展面临新的机遇和挑战。

2001年“9·11”事件发生以来，美国打着“反恐”的旗号，先后发动了阿富汗战争、伊拉克战争，2011年又伙同法英等国借联合国关于在利比亚设立禁飞区决议之名，打着保护平民的旗号发动了实际造成数万平民死亡的利比亚战争。如今又陈兵叙利亚周边，威胁伊朗将对其进行军事打击。高调宣布重返亚太，强化美日韩澳军事同盟，将矛头指向中国。所有这些让我们清楚地认识到：虽然以美国为首的西方国家主导国际秩序的现实由于其国力下降和新兴经济体的发展等受到挑战，但美国称霸世界的野心未变，美国的全球战略未变，美国干涉别国的行动从未停止，美国的霸权主义行径非但没有得到有效遏制，反而愈演愈烈。

北非中东政局大动荡引人瞩目，从突尼斯一青年自焚事件伊始，埃及、利比亚、叙利亚等北非中东国家先后出现动乱。这既是本地区内部长期矛盾积累的总爆发，也充满着外部干预的复杂因素。统治阶层腐败、经济落后、民众的不满情绪等是内因，而西方国家在二战后实行的中东政策才是其长期战乱与动乱的祸根，乱中取胜、从而掌控中东地区的政治走向与攫取丰富的油气资源则是一些西方国家的真正目的。

当前，中东动乱仍未结束，动乱的结局尚难断定，各种政治力量的博弈未见胜负，最终能否以美国和西方大国的意志为转移也难下结论。因为民族主义和伊斯兰主义深深植根于阿拉伯国家之中，他们对美国等西方国家在中东地区的霸权扩张政策的不满已是历史的积怨。一些亲美政权的倒台、民主政治的实行将会动摇美国中东霸权的基础，也同时给了欧洲与美国争夺中东的机会。但中东动乱的性质是什么？目标是什么？中东乱局不会因利比亚新政权的建立而停止，中东新的秩序难以很快建立，其今后的发展趋势还有待观察，但中东北非动乱将会加重美国的战略困境，对世界格局产生深远的影响。

美国经济危机在 2011 年并未得到有效遏制。2008 年的金融危机，沉重地打击了美国的经济。经过两年的努力，美国经济虽有复苏，但增长乏力，失业率居高不下。与此同时，美国的债务问题日趋尖锐，其国债占国内生产总值的比例已达 99%。面对如此严峻的金融环境，总统奥巴马与国会民主、共和两党争吵不休，使美国政府的公信力受到极大损害，导致 9 月 17 日自纽约爆发的“占领华尔街”大规模抗议活动席卷美国上千座城市，民众通过抗议活动来宣泄对现实生活的不满，宣泄对奥巴马没能兑现竞选前的承诺和没能振兴美国经济的不满。“占领华尔街”的抗议活动是美国深层次的经济、社会问题的爆发。面对脆弱的复苏和巨额债务的积累，美国政府不是去着力解决自身的问题，而是千方百计地把危机转嫁给其他地区和国家。

值得注意的是，美国利用美元在国际金融体系中的霸主地位不断地打压欧元及人民币。

对欧元，自其诞生之日起，美国就从未停止其打击行动，特别是在欧洲债务危机持续发酵之际，美国落井下石，标准普尔公司总是在最关键的时间打出致命的一击。2011 年 12 月 5 日，也就是在欧盟为拯救欧元即将于 8 日召开峰会的关键时刻的前三天，标普不失时机地宣布将德、法等欧元区 15 国的信用评级列入负面观察名单，接着又于 6 日再次将欧洲金融稳定工具列入负面观察名单。对此，奥地利央行行长诺沃特尼将此次评级行为描述为是“带有政治目的”的。欧元集团主席、卢森堡首相容克也对标普的举动提出严厉批评。他在德国广播电台发表讲话时说，评级机构的判断是“过分夸张和不公正的”。“标普的这一举动对于正在努力削减赤字的国家来说无异于‘一记重拳’。我不禁要问，评级机构的决定真的是恰巧赶在欧盟峰会之前‘从天而降’的吗？这绝不是一个巧合。”

对人民币，美国更是采取咄咄逼人的气势，掀起一波接一波逼迫人民币升值的浪潮，把美国失业的祸根强加在人民币对美元的汇率上。政府官员、利益集团以及研究机构摇旗呐喊，言论一轮比一轮强硬。其实人民币是否升值和升值多大幅度并不重要，美国真正的目的是以逼迫人民币升值为抓手，转嫁经济危机、遏制中国发展、迟滞中国崛起。

欧洲债务危机持续发酵。2011 年，始于 2009 年的欧洲主权债务危机，已扩展到希腊、意大利、拉脱维亚、匈牙利、葡萄牙、西班牙、法国、比利时等国，而且还有继续扩大的可能，极大地威胁着欧元区的经济、政治以及社会稳定。危机给资本主义的维护者们敲响警钟，特别是促使欧盟进行深刻的反思。要维护欧元、维护欧盟的存在，需要欧盟坚定的决心、一致的行动，也要取得欧盟成员国民众的理解与配合。但这种危机不会导致欧盟的瓦解，欧洲联合自强是欧洲发展的趋势，放弃欧元不是欧盟的选择，拯救欧元从而使欧盟发展到一个新的阶段才是欧洲人的必然选择，对此，欧盟正在行动。当然欧元区的经济恢复是一个漫长的过程，需要欧盟采取更加积极的措施。

2011 年，全球自然灾害频发，可谓多灾之年。日本的地震、海啸以及由此带来的核泄漏；新西兰的大地震；美国的龙卷风、暴风雪；澳大利亚和泰国的水灾等自然灾害给世界经济及人类的生命安全带来重大损失。据美国全国广播公司 2011 年 7 月 12 日报道，2011 年前六个月全球自然灾害已造成经济损失达 2650 亿美元，超过 2010 年全年的 2220 亿美元。据我国有关部门的统计，2011 年上半年各类自然灾害造成全国 2.9 亿人次受灾，449 人死亡，直接经济损失达 1420.3 亿元。由此看来，2011 年将成为当今历史上最昂贵的灾年。

我国面临更为严峻的外部挑战。在经济领域，2011 年的国际环境严峻，发达经济体普遍遭遇三大问题：经济复苏步履蹒跚；失业率高企不下（接近或超过两位数）；财政赤字与公共债务大大超出国际公认的警戒线。由此引起的消费者信心不足和社会动荡不安，对我国经济发展带来了较大的负面影响。美国实行的量化宽松政策导致美元进一步贬值和大宗商品价格上升，使我国外汇购买力大幅下降；欧债危机不断发酵和蔓延，日本经济因遭遇大灾而遭受重创，也加重了我国出口的难度。同时，各种形式的贸易保护主义继续蔓延，针对中国的贸易保护措施攻势频发，中国的外贸出口面临着更为严峻的风险与危机的挑战，尤其是货物出口贸易增长很可能下滑，外部市场形势不容乐观。从安全环境看，2011 年，美国高调宣布重返亚太，并采取了一系列实际行动。美国国防部宣布成立空海一体战办公室；寻求建立跨太平洋经济战略伙伴关系协定；强化美日、美韩、美澳军事同盟；积极拓展美越、美泰、美印、美菲、美缅关系；拉拢东南亚各国，挑拨其与中国的关系，插手南海事务等。从奥巴马总统和希拉里国务卿这一年的政策宣示和美国军事、外交布局，不难看出美国新亚太战略试图通过维持美国实力优势、改组地区多边机制、构建地区行为准则等维系美在该地区的霸权秩序，其对华政策中防范和竞争的一面更为突出和加强。

本书共刊登了 15 篇文章，对上述一些重大问题进行了分析和论述，供读者参考。其中观点仅代表作者本人。不当之处，敬请广大读者批评指正。

**编　者**

2012 年 1 月

# 目　录

从2011年中美关系走势,看美国对华战略的
　变与不变 …………………………………………… 周文重(1)
浅析2011年中美关系及其发展前景 ……………… 钱文荣(10)
新形势下的朝核问题与中美合作 ………………… 杨希雨(27)
欧债危机背景下的欧盟和中欧关系 ……………… 梅兆荣(40)
欧元区债务危机与国际战略格局演变 …………… 于　凡(52)
西亚北非大动荡:表现、根源与前景 ……………… 田文林(65)
普京定位俄罗斯 …………………………………… 盛世良(86)
日本政局与中日关系 ……………………………… 王新生(98)
国际形势中的五大动向 ………………………… 丁原洪(114)
西方制度危机与全球化困境 …………………… 丁一凡(128)
国际服务贸易发展的态势及其影响 …………… 黄丹涵(150)
南海争端与东亚安全秩序的博弈
　——兼谈中国的对策 ………………………… 张　洁(166)
中国经济:迎难而上,稳中求进
　——2011年评析和2012年展望 ……………… 谢明干(183)
香港特别行政区的政制发展轨迹 ……… 王溪沙　金小川(209)

2011 年两岸关系:夯实民意基础
应对新的挑战 …………………………… 薛福康　徐　青(235)
PRECIS ……………………………………………………………… (250)

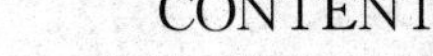

# CONTENTS

Reading of the "Change" or "No-change" of U. S. Strategy towards China from the Trends of Sino-US Relations in 2011 …………… Zhou Wenzhong (1)

Analysis of Sino-US Relations in 2011 and the Future …………………………… Qian Wenrong (10)

The Korean Peninsula Nuclear Issue and Sino-US Partnership under the New Situation ……… Yang Xiyu (27)

The Debt Crisis Threatened EU and China-EU Relations ………………… Mei Zhaorong (40)

Eurozone Debt Crisis and Evolution of International Strategy Pattern ………………… Yu Fan (52)

Turbulences in West Asia and North Africa: Performances, Roots and Prospects …… Tian Wenlin (65)

Put in Resets Russia …………………… Sheng Shiliang (86)

Japanese Political Situation and Sino-Japanese Relations ……………… Wang Xinsheng (98)

Five Trends of the International Situation ……………………………… Ding Yuanhong (114)

The Institutional Crisis of the Western Countries and the Dilemma of Globalization ……………… Ding Yifan (128)

Development Trend and Influence of
International Service Trade …………… Huang Danhan（150）
Game between South China Sea Conflicts and
Security Order in Ease Asia，a Discussion of
China's Countermeasures …………………… Zhang Jie（166）
Chinese Economy：Grasp the Nettle and
Advance Steadily-Analyze the 2011 and
Look into 2012 ……………………………… Xie Minggan（183）
The Political Development Trajectory
of HKSAR …………… Wang Xisha & Jin Xiaochuan（209）
Cross-Strait Relations in 2011：Solidify Public Support
and Face New Challenges … Xue Fukang & Xu Qing（235）
PRECIS ……………………………………………………（250）

# 从 2011 年中美关系走势，看美国对华战略的变与不变

周文重

2011 年，美国高调宣布“重返亚太”，对我国施压、牵制的政策和措施明显加强。其真实意图有明显针对中国的一面，也有其出于全球政治、扭转美在亚太经济中被“边缘化”以及区域内一些国家要求美加大对东亚战略投入，在战略上制衡中国的因素。美国“重返亚太”战略有其难以克服的“软肋”，难以编织对华包围网络。我国应从维护战略机遇期的高度，认清形势，冷静应对美国“重返亚太战略”，维护和发展中美关系。

## 一、中美关系在 2011 年经历了复杂的发展变化，积极面和消极面均非常突出

一方面，两国间多层次、多领域的交流合作机制，特别是高层交往的机制更加成熟。2011 年年初，中美两国元首会晤，发表了中美联合声明。这是中美交往 40 年来，双方共同发表的涉及内容最为广泛、对中美关系定位最为积极和清晰的具有长远指导意义的文献。一年之内，中美两国元首三次会面。在高

层交往深化的影响和带动下，2011 年两国在双边、地区、全球等各领域的对话与合作明显扩展和加深。

另一方面，美国以所谓“重返亚太”战略为轴心，从地区安全与区域经济合作两条线，对我国施压、牵制的政策和措施明显加强。

在亚太地区安全问题上，奥巴马政府高调采取一系列举措，加强美国在亚太地区的军事存在，加强构筑安全同盟网络，并公然渲染和插手南海争端；美国还公开介入缅甸政局变化。

在亚太地区经济贸易合作领域，美国加紧推进由它主导的“跨太平洋合作伙伴”（TPP）计划，企图重新夺回其在本地区贸易投资领域的主导地位。

## 二、美国推进“重返亚太战略”的真实意图

奥巴马政府 2011 年高调渲染和推进“重返亚太战略”，有明显针对中国的一面，但这并非其唯一动因。奥巴马政府 2012 年加大对亚太地区的投入，主要出于四点基本考虑：

第一，出于全球地缘政治考虑。

美国无论是民主党还是共和党，在对外战略中都信奉所谓地缘政治理论，即控制了国际政治经济的关键地区，就控制了整个世界。奥巴马上台后针对其共和党前任政府忙于打恐而“忽视亚洲”，提出“重返亚太”战略。这里既有政党政治因素，也有维护和修补美国国家利益的考虑。2008 年以来，国际金融危机使全球经济与政治重心加快向亚太地区转移，亚太地区可能取代欧洲成为 21 世纪全球地缘政治重心的趋势日趋明朗。按

照美国的战略思维，失去对亚太的控制，就将失去对世界的领导地位。近年来，世界其他各主要力量对亚太地区的投入都在加强，亚太地区包括中国在内的新兴经济体进一步崛起，自主决定本地区事务的能力和影响力明显上升，这一趋势极大刺激了美国加快“重返亚太”的紧迫感。

第二，面对中国崛起的强劲势头，美国朝野普遍对华有战略焦虑感，牵制中国崛起的战略诉求上升。

进入 21 世纪，中美之间的实力差距和影响力差距不断缩小。2001 年中国的 GDP 总量占美国的 13%，到了奥巴马上台的 2009 年，中国 GDP 占美国 GDP 总量的比例上升到 30%。国际金融危机进一步加快了中美综合国力和国际影响力对比的变化。特别重要的是，2010 年，中国制造业产值有史以来首次超过美国，中国取代美国成为世界第一制造业大国（2010 年中国制造业产值为 1.995 万亿美元，美国为 1.952 万亿美元），2011 年的差距将进一步拉大。这是自 1885 年美国制造业产值超越英国以来，世界经济格局的又一次重大变化。国际贸易领域，中国对外贸易总额 2011 年有望达到 3.5 万亿美元，也将首次超过美国（美国 2010 年外贸总额为 3.2 万亿美元），成为世界第一大贸易国。在世界经济的三大制高点：全球制造业总值、全球对外贸易份额、以及国际储备货币这三个方面，中国 2010 年和 2011 年分别在制造业和对外贸易两个领域超越美国，加之中国军力的稳步增长，这引起美国朝野对中国的一种战略焦虑。

面对中国强劲的上升势头和美国自身的内外困境，美国保守势力和自由派，在诸多问题上都越来越容易迁怒于中国。奥巴马政府高调“重返亚太”，在军事和经济上大张旗鼓地加大对亚太地区的投入，既是为了扭转中美力量对比对美国不利的趋势，也是为了迎合美国日益蔓延的对华战略焦虑情绪。可以肯定的是，这种战略焦虑感将把今年的美国大选变成两党在涉华问题上大肆鼓噪的竞赛。

第三，美国的“重返亚太”战略，特别是加紧推进 TPP 进程，是为了搭亚太经济快车，防止美国经济在亚太经济中被“边缘化”。

2008 年国际金融危机以来，亚太经济成为世界经济增长的主要发动机，奥巴马加快推进 TPP 进程，主要目的不是针对中国，而是为了更好地搭上亚太经济快车，为美国创造就业机会，为持续居高不下的失业率降温。

从长远看，奥巴马政府希望通过 TPP 来扭转美国在亚太经济中被“边缘化”的趋势，恢复美国在本地区的主导地位。

从二战结束到 20 世纪 80 年代末，东亚各经济体同美国之间的贸易一直是本地区对外贸易的主轴，跨太平洋贸易额一直远远高于东亚区域内的贸易额。随着东亚经济的崛起和地区经济一体化进程加速，从 20 世纪 80 年代末开始，区域内贸易日渐超过跨太平洋贸易，东亚经济体之间互为主要贸易伙伴的趋势日益明显。2010 年，东盟与中、日、韩之间的贸易总额，已经占到本地区对外贸易总额的 47%，而“10＋3”同美国之间的贸易总额，只占“10＋3”地区对外贸易总额的 14%。随着中国—东盟、以及日本—东盟、韩国—东盟自由贸易区的投入运行，随着中国—日本—韩国三边经济合作提上日程，美国不仅开始丧失在东亚经济中的主导地位，而且面临被“边缘化”的挑战。奥巴马政府急于利用 TPP 来扭转这一对美国不利的态势。

第四，美国政府高调“重返亚太”，也有本地区内一些国家要求美国加大对东亚的战略投入，在战略上制衡中国的因素。

2010 年朝鲜半岛两次危机，韩国和日本极力要求美国在东北亚确立和实施“延伸威慑”战略，韩国力邀美国航母进入黄海参与大规模军演；在我国同越南、菲律宾等声索国在南海争端中，菲律宾和越南极力推动美国插手，拉美国对抗中国。本地区一些国家对中国迅速崛起感到担忧，希望美国加大对亚太的投入，“平衡”和防止中国“独大”，并愿为美国重返亚太提供合作和各种便利。

## 三、美国“重返亚太”战略本身存在难以克服的“软肋”

第一，美国财政将长期陷于困境，对亚太增加战略投入的可用资源有限。奥巴马宣称，尽管美国今后十年将持续削减军事开支，但不会削减对亚太军事存在的开支。实际上，这种宣示的象征意义大于实际意义。今后十年，美国紧缩预算特别是紧缩军事预算的趋势，决定美国今后在本地区加强所谓“前沿部署”、加强美国在本地区存在的空间和能力将是有限的。总的来看，今后相当长的时间内美国的内顾倾向总体上将大于对外干预倾向。美国在全球的战略态势基本上是处于守势，尽管在亚太地区这个局部美国仍将取“扩张恢复”态势。但美国在亚太地区推行“扩张恢复”态势有一个重要前提，即要求其伙伴国“承担更大义务”，提供资源支持。

第二，美国“重返亚太”战略针对中国的一面处境两难。

美国对华政策既要遏制、牵制中国，又要中国在双边、地区乃至全球诸多重大问题上同美国合作。历史表明中美关系正常化以来美国历届政府对华战略的底线，都是避免同中国陷入战略对抗。美国对华战略的这一两面性，不仅使美国难以推行真正的对华遏制战略，也使希望利用美国制衡中国的某些东亚国家，无法完全跟着美国跑，而不得不在美、中之间，保持某种平衡，两面下注。

第三，东亚各国在国际政治经济事务中地位不断上升，其要求独立自主和在地区和国际事务中有更大话语权的愿望日益增强。一些东亚国家欢迎美国“重返亚太”，只是希望利用美国阻止中国在本地区一家独大，但其对美国企图恢复和维持对本地区的霸权和主导地位，则并不欢迎。

此外，一些国家内部长期存在反美情绪或对美国的战略离心倾向。

日本的鸠山内阁曾经提出明显排挤美国的“东亚共同体”构想，这绝非鸠山个人政治偏好，而是反映了日本的一种社会思潮。一旦遇到合适的外部政治气候，日本国内的这种思潮还会再次抬头。美国高调宣布增派 2500 名海军陆战队常驻澳大利亚的同时，美国不得不从距离中国更近的日本削减并调离 8000 名美军去关岛。

在朝鲜进行第二次核试验以及 2010 年半岛发生两次危机后，韩国的确在加强同美国的军事同盟关系，但韩国当局这样做时不能不顾及国内根深蒂固的反美情绪。在过去南北关系缓和时，韩国的民调曾数次显示，主流民意把美国视为对韩国主权和安全的主要威胁。韩国同欧盟和美国分别签署了内容基本相同的自由贸易协定（FTA），但韩民众对同欧盟的 FTA 未表反对，而美韩签署的 FTA 则在韩国引发了巨大的政治危机，其原因就在于韩国内部日积月累的对美国的政治反感。

越南和菲律宾在南海问题上极力拉美国帮手，但又高度提防美国控制和干涉两国内政，高度提防美国在军事上主宰两国自主决策。

东亚国家这种对美国“利用加防范”的两面性，决定美国在本地区难以编织对华包围网络，还决定美国难以联合东亚国家建立反华“联合战线”。

## 四、从维护战略机遇期的高度，维护和发展中美关系，从长计议、冷静应对美国的“重返亚太”战略

纵观 2011 年中美关系的变化，似可看出美对华政策有三个变化和两个基本不变。

就美国对华政策新变化而言，首先，美国把南海争端作为牵制和阻止中国“南下战略”的战略机会，今后将长期利用有关声索国的非法诉求，插手南海争端，推动该问题的国际化。

其次，美国将利用 TPP 构建国际贸易新秩序新规则，恢复美国在东亚地区的贸易投资主导权。美国搞 TPP 的目的不仅仅是为了排除中国，其更大的目标是利用美国的贸易大国优势地位，先同本地区中小经济体搭建新架构，待它们把规则体系确立起来后，再请区内包括中国在内的其他国家“入瓮”，以最终建立以美国为核心的，包含自由贸易、环境、劳工标准、国企行为、政府采购等广泛“高标准”的自由贸易与投资新体系。

第三，阻防中国在东亚地区影响力上升，中美有关博弈将渐趋突出。美国不满足于跻身“东亚峰会”，千方百计企图影响、掌握峰会议程的制定；美国利用我国同某些东盟国家的矛盾，恢复和加强同东盟的关系，争取把东盟纳入美国地区战略的轨道；美国利用朝鲜反复采取“走边缘”政策，加紧构筑带冷战色彩的安全架构，既是为了遏制朝鲜，也有防范中国的战略考虑。

从美国对华战略的不变看，首先，中美关系已成为美外交中最重要的双边关系。无论对内，还是对外，美国都经受不起中美关系全面破裂的战略代价。迄今为止，避免同中国陷入战略对抗仍是美国的战略底线。为了谋求美国国家利益的最大化，任何当政的美国政客，都不得不把谋求同中国进行范围广泛的积极的合作，作为对华政策的基本目标。

其次，出于意识形态考虑，美国不会放弃颠覆、改变中国特色社会主义制度，但美国现实利益需要又使美国不得不与我国共处。在对我国无法实现其“改变政权”目标的情况下，美国转而千方百计谋求我国改变政策。这将是美国今后始终不变的对华政策目标。

2011 年，奥巴马政府在对华政策上采取的所有举措，都十分典型地反映出美国对华现实政策与长远战略的这种不变的两面性。

美国政府对华政策两面性不断加强，既有美国自身的内部原因，也有应对中国崛起牵动地区与国际格局变化的客观需要。针对美国对华政策两面性，特别是针对美国对华政策出现的消极动向，我国宜客观分析、从长计议，在周边形势变得更为复

杂的情况下，我国各部门更要注意加强协调，更要讲究运用策略智慧，更要讲究分清主要矛盾和次要矛盾。

中美关系 40 年来的发展历程，是我国几代领导人始终抓住主要矛盾，成功打破西方封锁制裁，进而实现全面对外开放的过程。中美关系历来直接涉及我国外部环境全局，当前更是直接涉及我国战略机遇期能否持续。我国既应看清美国对华政策与战略的变化，做到心中有数，从容应对。同时还要看到美国内外交困，全球化和多极化的历史大趋势不可阻挡，不管美国如何调整都难改变其在走历史下坡路的现实。

在当前形势下，我国宜在认清形势、统一思想的基础上，加强对美国工作。首先要突出向美方强调共同恪守和落实 2010 年初两国元首会晤达成的新共识，恪守和落实两国发表的联合声明所列各项合作内容。同时，在南海问题、朝鲜核问题、TPP 等突出问题上，加强跨部门政策与策略的协调，运用综合国力和各部门的综合优势，以两手对两手，科学和巧妙地应对复杂的挑战。

# 浅析 2011 年中美关系及其发展前景

钱文荣

2011 年中美关系合作面虽有所扩大，但质量明显下降。美国采取了一系列侵犯中国主权、挑战中国核心利益的举措，损害了中美关系的健康发展。美国从政治、经济、军事、外交等各方面采取了扎扎实实的措施，积极推进全球战略东移，这虽有其全球战略需要的一面，但其主要目标是防范和遏制中国，对中国将产生多方面的威胁，会对中美关系产生深远影响。2012 年中美关系将比上一年遇到更多的困难和麻烦，矛盾和斗争的一面将呈现越来越激烈的趋势。奥巴马新近发表的“新军事战略”和“国情咨文”预示着美国对中国的军事威胁和更加紧张的经贸关系。美国把中国的定位已从“潜在对手”转为“现实威胁”。

## 一、2011 年中美关系的总体评估

2011 年中美关系的基本态势是高开低走，合作面继续有所扩大，但质量在下降，摩擦在增多；美国对华防范和遏制的力度明显加强，但两国关系仍保持相对稳定，然而这种稳定是在中方对美国干涉中国内政、损害中国国家权益等一些错误行动

作出必要反应时采取较为克制的前提下维持的。

2011年新年伊始，中国国家主席胡锦涛1月18—21日对美国成功进行了国事访问，并与奥巴马总统共同发表了新的《中美联合声明》，确立了“中美致力于共同努力建设相互尊重、互利共赢的合作伙伴关系”的新的定位，并就安全、经济、社会、能源、环境等广泛领域进一步开展积极合作，达成了一系列共识和协议，不仅缓解了2010年由于美方一系列损害中国国家权益的行动所造成的两国紧张关系，而且为今后中美关系长期稳定发展确定了方向。

在随后的一年内，两国高层接触频繁，两国领导人仅2011年11月一个月内就在戛纳、夏威夷、巴厘岛举行了三次会晤；对话机制更加完善，中美举行了第三轮战略与经济对话，第二轮人文交流高层磋商，双方启动了中美战略安全对话，亚太事务磋商；双方在各个领域交流合作取得新进展。在贸易方面，2011年中美贸易额达到4467亿美元，同比增长16%，两国在能源、科技、农业、教育、环保、执法等领域的交流与合作也取得了积极进展。中美人文交流发展迅速，2010年两国人员往来的总数超过了300万人次，平均每天大约有9000人往返于太平洋两岸。与此同时，两国在朝核问题和伊朗核问题等重大热点问题以及国际和地区问题上，尤其是在气候变化、应对国际金融危机、推动世界经济复苏等领域保持着较好的沟通与协调，凸显出中美关系的战略意义和全球影响。

但是，另一方面，随着中国经济持续快速发展、国力日益增强、国际影响不断扩大，两国结构性矛盾和战略目标迥异更加突出，美国对我国的担忧心理扩大，防范和遏制明显加强，

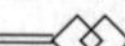

并采取了一系列侵犯中国国家主权、损害中国国家经济利益和形象、挑战中国国家核心利益等举措：向台湾出售巨额先进武器；接见达赖；在中国周边构筑军事包围圈和不择手段地离间中国与周边国家的关系；在经贸领域对我国实行贸易保护主义，设置种种贸易壁垒，多次对我国进行专横无理的贸易制裁和双反调查，多次阻止中国企业进入美国；在科技合作领域进一步加强了对我国高科技产品出口的限制和管制，出台了一系列限制中美科技合作和交流的公开和内部规定，甚至根据奥巴马总统签署的所谓沃尔夫条款，禁止中国记者对挑战者号航天飞机2011年最后一次飞行发射的现场采访，等等。这些行动不仅违反了两国元首在共同发表的《中美联合声明》中作出的“致力于共同努力建设相互尊重、互利共赢的合作伙伴关系”的承诺，损害了中美两国关系健康稳定的发展，而且也实际损害了美国的国际信誉和形象。

美国不仅在口头上甚至还在《中美联合声明》中重申“美方欢迎一个强大、繁荣、成功、在国际事务中发挥更大作用的中国”，然而实际上美国始终坚持冷战结束后确立的“不允许再出现任何一个能够挑战美国领导地位（霸权地位）的地区或全球大国”的霸权战略。这是任何一届美国政府制订对外战略和政策的基准和出发点，是不会改变的。美国全球战略重心向亚太转移也基于这项战略思想。

## 二、美国全球战略重心东移对我国的影响

美国全球战略重心东移并非奥巴马的创意，而是从小布什

时期就开始了。早在2004年8月，小布什总统就下令调整全球军事部署态势，明确提出把军事战略重点向亚太地区转移。随后，在2006年发表的新《四年防务评估报告》及其他相应的政府文件中把小布什的命令更加具体化了。奥巴马的做法与小布什不同的是，他把全球战略战略重心的调整扩展到外交、经济、军事安全和价值观传播诸领域，并全面向亚太转移，在2010年内大致完成部署，2011年得到进一步的完善和加强。具体说，奥巴马的东移战略包括以下内容：

### （一）加大政治外交投入

克林顿国务卿把美国对亚洲的外交定位为“前位外交”(Forward-deployed Diplomacy)，她解释说：“其含义为我们采取了进取型的立足点，已经把全方位的外交资源——包括我们最高级别的官员、我们的发展专家、我们处理各种紧迫问题的团队——都派遣到亚太地区的每个角落和每个首都。”英文Forward-deployed在军事上称之为“前沿部署”，可见奥巴马政府把亚洲视为外交前沿阵地。

奥巴马总统和国务卿克林顿上台三年来频繁与亚太国家接触和交往，次数之多远远超出了对其他地区的访问和关注。2011年最突出的是奥巴马代表美国首次参加在印尼举行的东亚峰会以及随后访问印尼和澳大利亚，并在澳大利亚宣布美国将在澳大利亚北部的达尔文部署海军陆战队，以显示他的战略重心东移的决心和具体措施。希拉里·克林顿访问缅甸，开创了50多年来美国国务卿首次访问这个一向被它制裁的东南亚国家。

**（二）在经济上努力推动建立跨太平洋伙伴关系（Transpacific Partnership，简称TPP），构筑一个以美国为主导的广泛的经济合作体系**

跨太平洋伙伴关系本来只是少数几个国家的合作设想，始于2006年新加坡、文莱、智利、新西兰缔结的《跨太平洋战略经济伙伴关系协定》。2010年，中、日、韩、印新等五国与东盟分别签署或启动了五个自由贸易协定。奥巴马政府见此情况十分焦急，便决定参加，并策划以跨太平洋伙伴关系为突破口签订一个跨太平洋的区域自由贸易协定，目的是建立一个在美国主导下的亚太经济新秩序。2011年11月，奥巴马利用在夏威夷召开亚太经济合作组织会议之际正式宣布了这项计划，并开始与愿意参加该协定的国家进行谈判。在美国的游说下，目前应邀并同意参加的国家有包括日本在内的11个国家。

**（三）在军事安全上扩大关岛军事基地建设、强化军事同盟、扩大军事合作对象国和频繁举行军事演习，构建亚太军事安全网络**

第一，继续执行小布什政府制定的计划，扩建关岛和印度洋英属迪戈加西亚岛的海空军基地，以扩大停放航母和核潜艇的能力。美国已经把总共11艘航母中的6艘部署在以关岛为中心的亚太地区，超过了在欧洲的航母数量。舰艇从282艘增加到345艘，空军把7个F-22（最先进的全球鹰战斗轰炸机）中队中的3个部署在关岛（余下4个中队部署在美国本土），目标是要把关岛建设成亚太地区军事投射中心。

第二，利用2010年朝鲜半岛发生的“天安舰”事件、钓鱼岛问题和制造所谓南海争端造成地区不稳等因素强化以美日、美韩和美澳为主的三大军事同盟，加强在东北亚地区的军事部署。值得注意的是，美国与澳大利亚签署了空间监控合作协议，把两国军事合作扩大到太空领域；增强在新加坡的海军驻军；同新西兰确立了新的军事合作范畴；加强了与菲律宾和泰国的军事合作。

第三，扩大与印度、印度尼西亚和越南的军事合作。这三国被美国选定为在东南亚和印度洋的新安全合作伙伴，明确把越南称为“和美国有许多共同的安全目标”的合作伙伴。

第四，频繁举行联合军事演习。继2010年美军举行了有14个国家参加的环太平洋联合演习以及与日本、韩国、印度等国举行多次军事演习之后，2011年美军在亚太地区与盟国和伙伴国联合举行的军事演习更加频繁，区域更为广泛，从东南亚、南亚到东北亚和中亚，并都集中在中国周边地区进行，其中最突出的有三次：一是2011年7月美、日、澳三国首次在濒临南海举行联合军演；二是美国与东盟六国在马六甲海域举行的联合军演；三是2011年11月在冲绳举行的美日军演。美国国防部长帕内塔在2011年10月访日时表示今后美国要进一步强化与盟国一起在太平洋地区的军事演习，其目的显然是要构筑整个亚太地区的军事安全网络，以军事实力确保美国在亚太地区的主导地位。

第五，在亚洲加大推广美式“民主”的力度。奥巴马2011年11月访问澳大利亚时明确表示美国要在亚洲领导促进民主和人权。他说：“其他的模式——法西斯主义、共产主义、一个人统治或委员会统治都尝试过了，但都以失败而告终。”曾任克林顿总统时期国家安全委员会亚洲事务主任的李侃如 2011 年 12 月 21 日在美国《外交政策》杂志上发表的“美国将重心转向亚洲”一文中说：“美国这项新的综合战略提升了民主问题在美国亚洲外交中的分量。”

奥巴马政府的全球战略重心东移并非偶然，希拉里·克林顿不止一次地解释说，这从奥巴马政府执政开始时就决定了的。前副国务卿斯坦伯格 2011 年 12 月 30 日接受日本《产经新闻》专访时也说了同样的话。前面列举的一系列东移安排足以表明，它既不是像国内有些同志所说的“虚多实少”，也不是像有些同志所说是为了竞选连任需要，而是早有谋划。奥巴马上台三年来一直在扎扎实实地推进实施，2011 年尤为突出。

美国全球战略重心东移的动因主要有两个：一是全球经济和政治中心正在向亚太转移；二是中国的快速崛起。因此，可以说，美国全球战略重心东移并非全是针对中国的，有其全球战略利益需要的一面，但从为确保美国在亚太的“领导地位”（霸权地位）而确立的防范和遏制对象来说，中国则是它的主要目标，这是确定无疑的。

因此，不管美国官方如何辩解，奥巴马政府的全球战略重心东移对中美关系的影响将是深远的，它对我国的威胁是多方面的，不仅限于军事安全，还包括经济、外交、意识形态等方面。外交上它通过南海和东海问题离间我国与周边国家的关系；经济上搞“跨太平洋经济战略伙伴关系”（TPP），除了为其经济复苏服务外，还企图借此抑制我国在东亚的影响和经贸关系；军事上加强多边军事同盟、加强在我国周边的军事力量和部署，企图把我国遏制在第一岛链之内，同时美国海军和空军还加强了对中国的抵近侦察和情报工作；意识形态上继续对我国进行攻击、渗透，利用推特、脸谱等社交网向我国公民特别是年轻人传播美国价值观。2011 年 4 月希拉里·克林顿借接受美国《大西洋月刊》专访之机，竟然以所谓“阿拉伯之春”为题指名攻击中国“愚蠢”，“阻止历史（前进）”，企图把“阿拉伯之春”的动乱引到中国，支持一小撮民族败类反对自己的国家。在中国与俄罗斯一起在安理会否决了西方提出的制裁叙利亚决议之后，她又气急败坏地威胁说“中国要对此付出代价”。

但美国要完全达到它遏制中国的目的也很难，因为它面临很多的牵制。首先，美国要在政治外交上离间我国与周边国家的关系以及在军事上围堵我国决非易事。基辛格说，今后，“在美国与中国的对抗中，大多数亚洲国家将谋求避免选择站在哪一边”，“他们不愿意成为美国图谋的同伙”。[①] 新加坡前驻联合国大使许通美早在 20 世纪 90 年代末就说过，如果美国坚持其遏制中国的方针，“将使它在东南亚的盟国和朋友处于进退维谷的境地。我们（东盟）当中没有一个成员愿意与美国结盟反对中国，或与中国结盟反对美国”。[②]现在中国与东盟建立了自由贸易区，双方的经济关系愈加密切，东南亚国家更不可能完全站在美国一边。

第二，美国全球战略重心转移将是一个较长的过程，它不

---

① Henry Kissinger：“Conflict with China is not an option”，International Herald Tribune，June 10，2004.

② 转引自《中国与美国—对手还是伙伴》，刘学成、李继东主编，经济科学出版社，2001 年 2 月版，第 62 页。

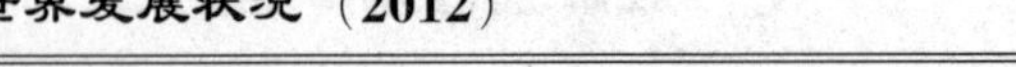

可能一下子全面完成转移的安排。中东乱局、伊朗问题和阿富汗问题都牵制着美国的人力、精力和物力，束缚着美国的手脚。

第三，欧洲虽然在军事安全上基本平安无大事，但美俄矛盾远没有解决。近来美俄关系的状态表明，不但奥巴马发动的“重启美俄关系”已基本停止，而且有日益恶化的趋势。欧洲主权债务问题以及欧盟在对待伊朗、中东问题和金融体制改革、气候变化等一系列问题上与美国的分歧都困扰着美国。

第四，美国国内政治分裂、经济复苏乏力和缓慢、债台高筑、失业率居高不下、民众不满情绪上升，等等，削弱了美国的外交和军事实力以及国际影响力。

第五，最重要的因素是中美经济上相互依存不断加深，尤其是美国 500 家最大的跨国公司在华多数企业获得的利润已超过他们在美国国内获得的利润，也远远超过他们在欧洲投资获得的收益率。虽然，奥巴马在 2012 年的国情咨文中大声呼吁美国的跨国公司回国投资，并准备用征税的办法遏制美国公司向海外投资，但是那些跨国公司到底会在多大程度上听他摆布，值得怀疑。同时，中国是安理会常任理事国，美国在应对许多重大国际问题上，若没有中国的配合和合作将困难重重，在某些问题上甚至根本不可能取得任何进展。

## 三、2012 年及以后中美关系发展趋势

2012 年新年伊始，美国接连发生三件大事将直接或间接影响 2012 年及以后的中美关系，它们是：（1）1 月 5 日奥巴马批准发布了新的军事战略，不仅宣布美国全球战略重心转移到亚

太，而且把主要矛头指向中国，首次把中国的崛起说成“影响美国的经济和安全”；（2）1月24日奥巴马发表了新的国情咨文，把美国对华政策与国内经济问题挂钩；（3）2012年大选已拉开序幕，正逐步进入白热化，两党在刚刚开始的竞选演说中都离不开发表攻击中国的言论。这三件事足以预示着2012年的中美关系将比上一年遇到更多的麻烦和困难，从更长远的角度看，在今后5—10年内尽管因双方各有需要在某些领域和问题上的合作还会有所扩展乃至一定程度上的加强，但总的趋势是由于美国不断强化对中国的防范和遏制，两国关系中相互博弈包括各个领域的摩擦、矛盾和斗争的一面将呈现越来越激烈的趋势，虽然双方都不愿也不会让这种博弈发展到对抗程度。下面让我们简要剖析一下这三件事可能对中美关系产生的影响。

1.2012年1月5日发表的《新军事战略》是美国政府第一次在官方文件中把中国的崛起视为对美国的经济和安全构成威胁。我们还清楚地记得，在2011年胡锦涛主席访美期间与奥巴马总统共同发表的《中美联合声明》中明明白白地写着“美方欢迎一个强大、繁荣、成功、在国际事务中发挥更大作用的中国”。奥巴马本人还不止一次地在口头上说过“中国的发展对美国不是威胁”。但是，在这份由奥巴马亲自参与制定和批准的《新军事战略》文件中却也明明白白地写着“中国崛起成为地区大国，将可能会以各种方式影响美国经济和我们的安全”。这里“影响”一词在英文中用的是“affect”，它与英文中的“influence”一词不同，按照英语词典的解释，后者是指“潜移默化的影响”，如文化的影响等，而前者则指主动和直接影响，且含有“损害”之意。人们不禁要问：美国在《中美联合声明》中所作

出的“承诺”和奥巴马说的话还算不算数？

还必须指出的是，小布什总统在2006年发表的《四年防务报告》中还只是把中国确定为“最大的潜在军事对手”，而奥巴马这次却加码为“影响美国的经济和安全”。

除此之外，《新军事战略》还暗指中国和伊朗为“老谋深算的敌手”，并点名指责中国和伊朗“将继续谋求用不对称手段对抗美国的力量投射，同时把先进武器和技术扩散给非国家行为体”，“将使用不对称能力包括电子战、网络战、轨道导弹和巡航导弹以及先进的防空、地雷等方式使美国陷入作战困境”。文件还针对美国官方和媒体一再宣称的所谓中国的“反介入和拒止”战略[①]，强调“美国将继续进行必要的投资以确保美国能自由出入和作战的能力”。采取的具体措施是文件中所说的，包括构筑盟国和伙伴国的网络，执行“联合作战概念”，即指美国国防部提出的专门用来对付中国军事现代化的“空海一体战”。[②]

可以断定，美国这项《新军事战略》一旦付诸实施，对中美关系的影响和损害将不是短暂的，而是持久和深远的。

2. 奥巴马2012年的国情咨文实际上是一篇竞选演说，集中谈国内振兴经济，煽动民族沙文主义，贸易保护主义色彩浓厚，基本上没有谈国际问题，但多次点中国的名。奥巴马在2011年的国情咨文中也多次提到中国，那主要是正面讲中国在新能源、

---

① 所谓中国的“反介入”战略就是指中国发展反舰弹道导弹，让美国海军和空军远离中国海域；“拒止”战略是指中国发展地对地导弹和隐形飞机，阻止敌人前沿部队对中国实施攻击。

② 空海一体战（Air-Sea Battle）是指2009年底，五角大楼的战略研究人员提出了全新的“海空联合作战”理论，旨在整合美国海空军战力，并联合亚太地区盟友，共同遏制或击败潜在的区域性对手。现已成为美国对华军事斗争的一项策略。

高速铁路等多个领域取得了进步，甚至走在世界前列，以激励美国人民要迎头赶上，表示“美国决不当老二”，而这次的点名则完全不同，他把美国国内的经济问题与中国挂钩，正如《南华早报》2012年1月26日的评论中所指出的，奥巴马这次的国情咨文突出地“把矛头直指一个对帮助美国摆脱经济困境起关键作用的国家”。《华尔街日报》网站2012年1月25日的评论说，奥巴马在国情咨文中，“把中国作为一个特殊的贸易违规者提出来”，他“非但没有鼓励中国信任国际贸易制度（注：文章指中国加入世贸组织十年遵守规则、履行承诺），反而把它搞得像贸易‘贱民’一样”。奥巴马在讲话中多次指责中国“违反国际规则”，声称，“当我们的竞争对手不按规则行事的时候，我不会坐视不顾。我们对中国提起贸易诉讼的案例数量是上一届政府的近两倍，而且已经看到成效”。他宣布将创建一个“贸易执法机构，负责调查中国等国的不公平贸易作法”。据《华尔街日报》网站2012年1月9日的报道，这个新机构“虽然名字听起来是泛泛的，但官员们说，该小组是专门用来针对中国的。它将包括来自财政部、商务部、能源部、贸易代表办公室等部门的官员”。

奥巴马还拿他上台后不久对中国生产的汽车轮胎无理实行双反调查、征收高额关税，作为他实施贸易保护主义取得的成绩加以宣扬，说“由于我们制止了中国轮胎的倾销，一千多名美国人在今天得以有工作”。然而，正是在他发表这篇讲话之前4天，《华尔街日报》刊登一篇报道说，“（奥巴马）对中国轮胎的严厉政策未达到效果”，并用事实驳斥了奥巴马的吹嘘。文章说，由于美国对从中国进口的轮胎增加了35%的税率，原来每个轮胎在美国卖39美元，现在涨到69美元。美国减少了从中国进口轮胎，但国内并未增加产量，而是转从泰国、印尼、墨西哥等其他国家进口。因此，美国轮胎工业协会的罗伊·利特菲尔德对该报记者说："就保住美国人饭碗这方面说，此项关税措施没有起作用，而且他还伤害了这个行业内的很多人。"

由此可以预见，如果说前述美国《新军事战略》主要是威胁中国的军事安全，奥巴马的国情咨文则预示着2012年及以后中美经贸关系将趋向紧张，面临更多的摩擦和矛盾。

3.2012年是美国的大选年，两党竞选活动实际上从2011年下半年已经开始，但正式的竞选活动应该说是2012年1月3日拉开的序幕。共和党已经先后在爱荷华、新罕布什、南卡罗来纳和佛罗里达四个州举行了初选，进行过四轮角逐，已明显看出主要是前马萨诸塞州州长罗姆尼与前众议院议长金里奇两人之间竞争共和党的总统候选人，其余参选人或已宣布退出或得票甚少，很快将出局。民主党因迄今为止只有现任总统奥巴马一人参选，因此不存在党内竞选候选人问题，现任副总统拜登在2012年1月29日的民主党集会上谈的不是奥巴马能否连任，而是发誓民主党要在众议院中夺回多数地位。他表示对民主党在众议院内增加25个席位抱有信心。随后，民主党国会竞选委员提出了"向着25个席位努力"的口号。

现在要准确预测选举前景几乎是不可能的。但从美国各大媒体和专业民调机构所做的民调结果看，奥巴马连任的可能较大。观察美国的选举主要要看五大因素：经济形势、民心向背、参选人演讲才华、募款能力、不确定性因素，其中最关键的是经济走势和民心向背。皮尤民调机构2011年11月3日公布的民

调结果显示，选民最关心的问题主要有三个：就业、赤字和医疗保险，它们分别占63%、43%和40%。让我们简要分析一下奥巴马在上述这些问题上的有利条件和不利因素。在经济形势方面，虽然国内经济增长乏力和缓慢，但总的趋势还是在缓慢上升中，商务部2012年1月27日发布的数据显示，2011年底第4季度经济增长2.8%。从就业情况来说，奥巴马在国情咨文中说，在过去的22个月中他的政府创造了300多万个就业岗位，当然这只是过去的22个月内增加的就业人数的总数，并没有减去这期间同时不断失业的人数，否则失业率怎么会长期保持在9%以上呢？失业率2011年12月份下降到8.5%，这是三年来最低的一个月。上述两个因素总体上说，对奥巴马是有利的。从人心背向来看，据《纽约时报》2012年1月28日发表的民调结果显示，就经济形势而言，44%的受访者表示支持奥巴马，40%的人支持共和党。另外，从各种不同年龄段的态度来看，据皮尤民调机构2011年11月30日公布的调查结果，思想保守、被称作“沉默的一代”的老人（62岁以上），大多数支持共和党参选人罗姆尼，但他们仅占选民总数的17%，而同样占选民总人数17%的年青人（18—30岁）中支持奥巴马的尽管比2008年大选和2010年的中期选举时都有所减少，但仍达50%，而支持共和党的只有36%。关键是中产阶级的态度，他们占选民总数的55%～56%。《华盛顿邮报》与美国电视广播公司联合举行的民调结果显示，尽管他们对目前的处境不满，但支持奥巴马的仍有45%，支持共和党的仅为41%，还是奥巴马居上。因此，奥巴马在国情咨文中也特别为中产阶级讲了几句好话，以争取他们当中更多人的支持。其他方面如募款能力和演说才华，奥巴马都要比共和党中任何一个参选人强。唯一无法预测的是一些不确定因素和不属于或不倾向于任何党派的独立选民。独立选民的态度，据《纽约时报》与全国电视广播公司2012年1月联合举行的民调结果显示，目前约有2/3的人不支持奥巴马。此外，经济和失业率两个主要因素在今后十个月中还存在不确定的变数。综合以上分析可以得出初步的结论是，奥巴马连任的可能性较大。共和党方面，尽管可以抓住经济问题、财政赤字和失业率等来攻击奥巴马，但民众对共和党在国会中的表现很不满，认为他们的行为和主张不是促进而是阻碍了美国经济复苏。极右的茶党在民众中的支持率也明显下降。目前共和党两位主要参选人中罗姆尼似乎要胜过金里奇，但不管谁最终成为共和党的总统候选人，他们两人都有自己的弱点，金里奇连他的助手都说他没有行政管理能力；罗姆尼来自古巴，属拉美裔，思想更保守，是茶党的支持者，又是摩门教徒，而在美国信仰该教的是少数。所以，两人都较难战胜奥巴马。

外交虽然从来不是美国大选的决定因素和辩论的主要议题，但两党政客们尤其是参选人总要找一两个对象或国际问题来说事。今年他们攻击的对象就是中国和伊朗，实际上他们从2011年就已开这样做了，只不过2012年呈现一种超出往届大选攻击力度的趋势。奥巴马在2012年1月24日的国情咨文就是一个标志。最近他们连达沃斯世界经济论坛也要利用起来攻击中国，财政部长盖特纳在会上竟然说："中国确实对全球经济构成了前所未有和强大的挑战。"他的副财长莱尔·布雷纳德也在会上发表攻击中国的言论。[①] 正如《华尔街日报》2012年1月25日的评论所说："现在，奥巴马正忙着确保中国在2012年总统大选中成为一个更大的政治目标。"至于共和党的参选人更是有过之而无不及。罗姆尼在演说中不断地诬蔑中国"操纵汇率"，"窃取美国技术和非法入侵美国电脑"，等等。诚然，政客们在竞选中发表的激烈言论不等于未来的政府政策，只是为了哗众取宠，攫取更多选票而已。但是，他们的言论不仅影响美国民众和其他国家人民对中国的看法，更伤害了中国人民的感情，势必损害中美关系，到头来也会损害美国的国家利益。但美国的政客们是从来不去考虑这种后果的。

## 四、简短的结论

从上述一系列事实和分析中，我们可以看到，尽管在今后一个较长时间内，中美之间不可能发生军事对抗，总体上还会有所发展，保持相对稳定，这是双方利益所需，但中美关系的性质正在发生变化，美国把中国的定位已开始从"潜在威胁"一步步地作为"现实威胁"来对待，过去是管控中国，现在是要实打实地打压和遏制中国。虽然美国明白，目前中国的实力还不足以对美国构成威胁，但认为必须从现在开始部署好对付20年后的中国。因此，美国将以此来制定新的对华政策。目前已经可以看到这种变化的端倪：美国对中国防范和遏制的问题从原有的台湾问题扩大到网络和太空，防范和遏制的区域从台

① 英国《泰晤士报》，2012年1月27日报道。

湾扩大到南海地区、太平洋和印度洋；防范和遏制的举措从应变预案到实际备战。同时加强了在价值观和舆论方面的战略攻势。虽然我们对美国的政策是明确不变的，继续力争加强和发展中美关系，但是我们一定要头脑清醒，不应对美国抱有不切实际的幻想。

# 新形势下的朝核问题与中美合作

杨希雨

朝鲜半岛无核化进程不仅取决于朝鲜高层在后金正日时代的政策偏好和决策取向，同时还取决于外部大国的政策意图及其所带来的朝鲜外部安全环境的变化趋势，特别是美国的对朝政策。中美两国在朝鲜半岛长治久安问题上存在根本性共同利益，但在解决朝核问题的方式、措施、路径上又存在诸多分歧。朝核问题的真正根源是朝鲜半岛长期存在两种不正常状态：战争状态和冷战状态。因此中美双方在朝鲜半岛问题上应从维护半岛和平稳定、推动实现半岛无核化、如何制订和落实“一揽子方案”、建立朝鲜半岛和平机制等方面加强磋商、协调与合作。

## 引言

2011 年 12 月，朝鲜最高领导人金正日去世，引起国际社会普遍关注朝核问题的不确定性，关注朝鲜半岛无核化进程乃至六方会谈的命运。事实上，朝核问题从来就不是一个单纯的国别问题，朝核问题在金正日去世后的新时期是否存在不确定性，朝鲜半岛无核化进程去向何处，六方会谈将面临怎样的命运，这些带有根本性的问题，其实是一个复杂的多变互动的过程，这些根本性问题的走向，不仅仅取决于朝鲜最高决策层在后金正日时代的政策偏好和决策取向，同时还取决于外部大国的政策意图及其所带来的朝鲜外部安全环境的变化趋势。从朝鲜面临的外部安全环境来说，主导朝鲜半岛无核化进程的最重要变量，无疑是美国的对朝政策；而保障以和平方式解决朝核问题的最重要外部因素，无疑是中美在朝核问题上的合作。本文试图从中美两国在朝核问题上的共同利益与分歧，具体分析新形势下朝鲜半岛无核化进程的前景，以及中美在推进和平解决朝核问题方面深化合作的具体途径。

自 20 世纪 90 年代以来，朝鲜核问题日益成为中美关系中的一个重要问题。一方面，中美双方在这个事关朝鲜半岛长治久安的问题上，存在着带有根本性的共同利益，那就是双方都主张朝鲜半岛无核化，都反对朝鲜半岛南北双方中的任何一方发展核武器；对于朝鲜核问题，中美双方都主张通过六方会谈，以和平的方式加以解决 。但另一方面，中美两个大国在朝鲜半岛安全格局中所处地位完全不同，同朝鲜半岛问题的主要当事双方朝鲜和韩国的关系也完全不同，因此在如何以和平方式解决朝核问题上，在解决的措施与路径上，又存在着诸多分歧。

如何巩固中美两国在朝核问题上的共识与共同利益、推动双方在实现朝鲜半岛无核化方面不断加强合作，减少双方在这个事关各自重大利益的问题上的相互猜疑与分歧，这不仅对实现朝鲜半岛永久无核化、实现半岛的持久和平与稳定至关重要，而且也将对确立中美两国在 21 世纪新型的、积极合作的全面关系产生深远影响。

## 一、中美各自对朝核问题的基本政策

由于朝鲜战争以及长期冷战的影响，中美两国各自同朝鲜的双边关系完全不同，然而中美在朝鲜半岛无核化问题上，则一直持有相似的立场和关切。

在整个冷战时期，中美两国分别作为朝鲜半岛南北双方的同盟国，都向自己在半岛上的盟友提供了持续而大量的军事援助，但是中美双方出于相同的核不扩散考虑，都没有向半岛南北双方提供任何有可能导致核扩散或者导弹扩散的援助。1970年，当韩国秘密发展核武器的计划曝光后，当时的美国总统卡特亲自干预，打掉了韩国的核武器计划。

随着冷战的结束，朝鲜半岛的战略格局出现了两大变化：一是苏联解体；二是中韩实现关系正常化。这两大变化不仅使朝鲜经历了严峻的战略冲击，而且也使半岛安全结构发生了不利于朝鲜的剧烈倾斜。这种严峻的战略不均衡，激发了朝鲜加速开发核武器的战略决心。朝核问题由此开始成为半岛安全问题的焦点，也成为中美两国接触、合作、摩擦的一个新领域。

中国对于朝鲜发展核武器的立场与态度，始终是明确和一贯的。

中国主张朝鲜半岛实现永久的无核武器化，反对南北任何一方发展核武器。正是出于这个一贯立场，中国反对朝鲜开发核武器，也绝不向朝鲜提供任何有可能导致其发展核武器的援助。但是同时，中国认为，朝鲜核问题不是一个简单的核扩散问题，而是一个综合的、复杂的安全问题。在推动朝鲜彻底放弃核武器及其相关计划的同时，朝鲜在安全领域以及其他相关领域的合理关切，必须得到充分解决。中国还强调，朝鲜半岛无核化，是整个半岛、而非部分半岛的无核化，无核化的界定，是朝鲜半岛的无核武器化，朝鲜作为一个主权国家，同世界上其他国家一样，拥有和平利用核能的权利。

而美国在朝核问题上的基本政策和立场，则经历了较为复杂的变化与调整。

一方面，美国仍然坚持南北双方都不得发展核武器的政策底线，但另一方面，美国从克林顿政府到小布什政府、奥巴马政府的 20 年间，三位总统领导下的美国政府，在对待朝核问题上，采取了三种迥然不同的态度和立场，导致美国对朝核政策呈现出很大的不确定性和摇摆变化。

### （一）克林顿政府时期的对朝核政策经历了从强硬态度到务实接触的转变，从而使得和平解决朝核问题出现了一些进展

克林顿政府初期，美国对朝鲜采取强硬政策，为了消除朝鲜的核计划，五角大楼曾经准备采取军事手段，对朝鲜位于宁边的核设施进行“外科手术式”打击，但是在最后阶段，由于美国前总统卡特访问朝鲜，并同当时的朝鲜最高领导人金正日进行了促膝长谈，高度紧张的朝核危机得以化解，美朝经过认真谈判，达成了“1994 年框架协议”。

框架协议是一个不仅涉及朝核问题，而且涉及“弃核换补偿”、美朝关系逐步正常化等一系列经济、政治安排的综合性协议。该协议签署后，美朝之间在 1994～2000 年的六年期间，就“援建轻水反应堆”、美朝互设联络处、朝鲜潜水艇入侵事件道

款、美军在朝鲜战场遗骸、朝鲜暂停导弹试验等范围广泛的问题，展开了21项谈判，其中有15项达成协议，两项取得部分进展。美朝在此期间达成的一系列协议中，最重要的是美朝2000年10月签署并发表的美朝联合公报。美朝双方在联合公报中郑重承诺，为了维护朝鲜半岛的和平与安全，双方决心建立面向21世纪的新方向的美朝关系，这种双边关系应该基于相互尊重主权以及互不干涉内部事务等原则。

显然，美朝2000年联合公报的签署，给后冷战时期的美朝关系发展带来新的希望。

**（二）小布什政府全面否定了其前任的对朝政策，而在执政后期又向回调整**

随着2001年白宫易主，美国的对朝政策，特别是对朝核的政策，也发生了深刻改变。在所谓“新保守主义”思潮中重新审定的美国对朝核政策，呈现出所谓“ABC”（Anything But Clinton）特色，即凡是克林顿政府时期的对朝政策，都不能继续执行。小布什政府这种近乎180度大转弯的政策转变，在2002年底触发了新一轮朝核危机。

这一时期美国对朝核问题的政策，具有两个特点：一是改变美朝1994年“框架协议”模式，要求朝鲜首先单方面彻底解除核武装，即所谓的CVID（Complete，Verifiable，Irreversible Dismantlement），来换取美国对朝鲜提供“多边的书面安全保障”，而美国不必像框架协议那样采取相应的对应措施。二是朝鲜不仅必须全部销毁核武器以及与之相关的核计划，而且连和平利用核能的权利都必须放弃，即不允许朝鲜发展核能发电等项目。

随着中国发起的六方会谈进程逐步取得进展，小布什政府的对朝政策也出现了逐步调整，在小布什政府后期，美国事实上改变了拒绝与朝接触的政策，双方围绕核问题以及解除美国对朝部分制裁的问题展开了“有限”接触和“一对一”双边会谈，并取得了两项实质性进展：一是在中国的斡旋下，美朝逐步建立起对话机制，该对话促成了朝鲜同意在宁边采取旨在最终弃核的“去功能化”（Disablement）措施；二是美国政府停止对朝鲜施用《与敌国贸易法》，并把朝鲜从“支持恐怖主义名单”中除名，美国基于上述两项法律而对朝鲜实施的相关制裁随之解除。

### （三）奥巴马政府的对朝政策使朝核问题再陷僵局

奥巴马政府上台后，面临着内有金融危机，外有伊拉克、阿富汗两大乱局这种内外交困的形势，朝核问题在美国对外战略中的重要性明显后移。为了集中应付主要危机，美国政府有意拖延同朝鲜恢复接触，即便朝鲜于 2009 年 5 月不顾国际社会的强烈反对，再度进行核试验之后，奥巴马政府仍坚持对朝鲜实施所谓“战略耐心”政策，拒不与朝鲜恢复对话，使得小布什政府后期已经建立起来的美朝对话机制再度搁浅，迄今未能恢复。

另一方面，美国在 2010 年朝鲜半岛连续发生了“天安舰事件”危机和“延坪岛炮击事件”危机后，对朝鲜半岛提出了“延伸威慑”战略，进一步加强了对朝鲜的军事压力和制裁措施。尽管 2011 年 8 月，美国政府已经同意朝鲜第一副外相金桂冠以参加学术会议的身份访问美国，并同美国政府朝鲜政策代表博斯沃茨大使举行非正式会晤，但美国对朝鲜孤立、封锁、制裁、有条件对话的基本政策框架没有改变。

## 二、中美两国在朝核问题上的合作与分歧

对比中美两国对朝核问题的政策，可以看出，中美双方在要求朝鲜彻底弃核、在实现朝鲜半岛无核化的问题上，保持着相同的立场和政策目标；特别是自从中方发起六方会谈进程以来，中美双方都承诺，六方会谈是和平解决朝鲜核问题的唯一现实可行的途径，双方也在六方会谈框架内外进行日益密切的沟通与协调。由于中美在通过对话和平解决朝核问题上均具有独特的重要作用，因此朝核问题在中美各个级别的外交会谈与磋商中，特别是在中美元首会谈以及中美战略与经济对话中，已经成为一个非常重要的议题。在朝核问题由于朝鲜第二次核试验、“天安舰事件”、“延坪岛事件”等危机连续冲击，深陷僵局的情况下，2011 年 1 月，中美元首会晤后发表的联合声明，再次强调了中美双方在朝核问题上继续保持合作，特别是强调了中美双方对朝鲜宣称的浓缩铀计划均表示关切，双方呼吁，采取必要步骤以尽早重启六方会谈进程，解决这一问题及其他相关问题。

中美两国在朝鲜核问题上的协调与合作，避免了朝核问题走向失控、走向核扩散、走向爆发冲突，确保了这个复杂的半岛安全问题能够在六方会谈框架内加以和平解决。

但是，对比中国对朝核问题的政策和美国三任总统的对朝

核政策，同样不难看出，在如何解决朝核问题上，中美双方不仅在政策的连续性、稳定性上存在明显的差异，而且在政策的许多实质性内容上，也存在诸多分歧。

首先，中国在过去十几年处理朝核问题过程中，保持了政策的稳定性、连续性，而美国自 1990 年克林顿政府以来，三任总统执行了各不相同的对朝核政策，这不仅使朝核问题的解决进程更加复杂、更加不确定，而且也使中美在朝核问题上的合作更加复杂化。

其次，中国历来主张通过无条件对话来增进美朝双方的相互信任、缩小分歧，以循序渐进的现实方式逐步积累和创造条件，最终以政治、安全、经济、外交的“一揽子”解决方式，彻底解决朝核问题，实现半岛无核化；而美国则过分依赖对朝施压、制裁，来迫使朝鲜无条件弃核。每当美国感觉到自己拥有的压力措施不足时，就经常要求中国加入其“制裁俱乐部”，运用中国资源参与美国对朝制裁。这种不同的政策模式和政策思维，导致中美双方在朝核问题上的相互猜疑也增多。

第三，如前所述，中国主张的朝鲜半岛无核化，是朝鲜半岛无核武器化，朝鲜拥有和平利用核能的权利；而美国自从小布什政府以来，主张朝鲜不能发展任何目的的核计划，包括和平利用核能等项目。中美双方在这个问题上的分歧，迄今尚未明确解决。

2005 年笔者在主持起草《六方会谈共同声明》时，根据中国政府的原则立场以及有关的国际公认准则，曾在声明第一条中对朝鲜的弃核范围作了如下文字界定：“朝鲜承诺放弃一切核武器以及 1992 年南北无核化宣言所明确禁止的核计划”（The

DPRK committed to abandoning all nuclear weapons and nuclear programs prohibited by North-South Joint Declaration on the Denuclearization of the Korean Peninsula)。但是参加六方会谈的美国代表团坚决反对上述界定，其真实原因在于，1992 年南北无核化宣言只禁止南北双方开发核武器项目，而并不禁止用于和平利用核能等核计划。显然，美国的这一立场，并不是真正意义的朝鲜半岛无核化，而是要求朝鲜彻底放弃和平利用核能的权利。为此，中美之间进行了艰苦的磋商和协调，最后以模糊的文字表述达成了妥协，使得“共同声明”得以签署，成为推进半岛无核化进程的纲领性文件和共同行动的基础。然而这种妥协并不意味着中美之间在“无核化”界定问题上的分歧已经解决。随着六方会谈的恢复以及谈判的深入，朝鲜弃核范围的具体界定问题，仍将被提到争论的议程上来。

相比中美两国在朝核问题上的分歧，双方在朝鲜半岛无核化问题上的共同点和共同利益，显然更带有根本性战略意义。这种共同点和共同利益，成为中美双方在朝核问题上长期保持合作的基础。

## 三、朝核问题的真正根源与中美加强合作、缩小分歧的切入点

自从 20 世纪 90 年代初冷战结束以来，朝鲜半岛似乎陷入了一种每隔四年就陷入一次危机的“周期性”怪圈：1994 年，朝鲜半岛爆发了第一次朝核危机，美国与朝鲜之间一度走到了战争边缘；1994 年框架协议虽然缓解了危机并改善了美朝关系，

但是四年之后的1998年，朝鲜试射远程弹道导弹事件再度把美朝关系推向对抗局面，导致半岛陷入冷战结束以来的第二次危机；美朝经过大量艰苦谈判，使双方关系峰回路转，这两个敌对国家首次实现了高层互访，并签署了为建立21世纪新型美朝关系的美朝联合公报；四年之后的2002年，随着美国政府更替，朝鲜的“浓缩铀问题”引爆了2002年末的半岛第三次危机；在中国的努力斡旋和积极推动下，有关各方共同发起了六方会谈，并在2005年9月签署了具有深远意义的“六方会谈共同声明”，这不仅化解了第三次半岛危机，而且把朝核问题纳入了多边对话与谈判的正确轨道；然而六方会谈进程及其进展并没能终结这种“危机周期”的怪圈，四年之后的2006年，朝鲜不顾国际社会的强烈反对，悍然进行了第一次核试验，导致半岛陷入了第四次危机。

虽然六方会谈机制把有关各方拉回到谈判桌旁，化解了危机并启动了具有实质性“去功能化”进程，但值得忧虑的是，“危机周期”不仅没有终结，而且这种每隔四年就爆发一次危机的怪圈，近年来开始显现出“周期缩短”、危机频发的趋势：2006年第四次半岛危机之后三年，朝鲜半岛在2009年再度爆发核危机；而时隔一年之后，2010年朝鲜半岛又接连爆发“天安舰事件”以及“延坪岛事件”所引发的军事对抗危机。

为什么朝鲜半岛自冷战结束以来始终不能摆脱这种“危机周期”？其根本原因，就是朝鲜半岛长期存在的两种不正常状态：

第一，朝鲜半岛迄今仍然处于战争状态。尽管朝鲜战争早已结束，主要交战方中的美国、韩国同中国之间早已实现了关系正常化，但是韩、美与另一个主要交战方朝鲜的关系不仅仍未实现正常化，而且韩、美作为军事同盟与朝鲜之间迄今仍然处于战争状态。

第二，朝鲜半岛迄今仍然处于冷战状态。虽然冷战在世界范围内早已结束，但是朝鲜半岛上的冷战状态不仅没有被终结，而且有不断加剧的趋势。

这两种不正常状态，是朝鲜半岛危机不断、无法保持和平稳定的根源。不从根本上消除朝鲜半岛的战争状态和冷战状态，就无从解决朝核问题，无从实现朝鲜半岛无核化，朝鲜半岛就无法走出“危机周期”的怪圈。因此，任何旨在推动朝鲜半岛无核化、解决朝核问题的努力，都不能不正视和解决朝鲜半岛迄今存在的战争状态及冷战状态这两个更为根本性和根源性的问题。

如前所述，中美两国在推动实现朝鲜半岛无核化问题上，存在共同目标和共同利益；而中美双方在推进无核化、推动朝鲜放弃核武器的外交政策上，又存在一些明显的分歧，究其原因，正是在于中美双方对于朝核问题的根源及其解决的路径，有着明显不同的判断和方式。

事实上，朝核问题不是一个单纯的核扩散、核威胁问题，而是朝鲜半岛以朝鲜为一方、美韩军事同盟为另一方长期军事对立的产物，特别是冷战结束以来朝鲜半岛安全结构严重失衡的产物，对朝鲜而言，朝核问题本质上是个生存与安全的问题。要解决这样一个由于战争和冷战而长期积累形成的复杂的安全问题，决不是简单的“弃核换补偿”模式，或者孤立制裁措施甚至是军事打击措施所能奏效的，而必须根据有关各方已经达

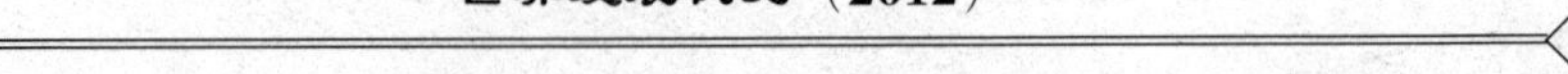

成的“919共同声明”，通过安全、政治、外交、经济的“一揽子方案”，建立朝鲜半岛全新的安全关系以及正常化关系，建立东北亚和平与合作机制，才能真正解决朝核问题，实现真正的半岛无核化以及长治久安。

因此，如何按照六方会谈“9·19共同声明”规定的原则，通过“一揽子方案”、综合解决朝核问题和朝鲜半岛的永久和平体制问题，是中美两国在朝核问题上进行有效合作的切入点，也是双方缩小分歧、为和平解决朝核问题发挥各自积极作用的共同基础。在这方面，中美两国应该而且能够在以下方面加深合作并发挥各自的重要作用：

第一，中美双方在朝鲜半岛问题上应该从战略上明确两个共同目标，即共同努力维护朝鲜半岛的和平与稳定，共同努力推动实现朝鲜半岛无核化。

第二，双方应该在如何制定并落实“一揽子方案”问题上达成共识，并在推动落实“一揽子方案”的过程中发挥各自的积极作用。双方有必要随着朝核问题的解决进程不断进行具体磋商和政策协调。根据以往的经验教训，双方应该避免陷入“胡萝卜与大棒”争论的怪圈，即每当朝核问题陷入僵局时，美国往往更多地要求中国对朝使用“大棒”来解决问题，而中国往往更多地寄希望于美国对朝使用“胡萝卜”来解决问题。中美应该共同防止双方产生的政策差异使朝核问题复杂化。为此，双方有必要开展更加坦率深入的政策磋商与合作。

第三，建立朝鲜半岛永久和平体制既是推动朝鲜彻底弃核的必要交换条件，也是保障朝鲜半岛永久无核化的基础。中美双方应该为建立以朝鲜和韩国为主的半岛永久和平体制加强合作，共同努力创造三个有利于建立永久和平体制的条件：一是帮助建立朝鲜半岛南北双方自主解决安全问题的框架；二是中美双方同半岛北南双方都建立起和平关系与积极合作的关系，并恪守朝鲜半岛无核化对于核大国所要求的相应义务；三是通过充分磋商，确立大国在朝鲜半岛事务上以和平共处和不干涉内政为基础的行为关系准则。

第四，美国作为世界上最大的发达国家，中国作为最大的发展中国家，均同朝鲜半岛有着千丝万缕的联系，在建立和推动半岛以及东北亚经济合作、促进朝鲜早下决心彻底弃核方面，均能发挥重要影响和作用。尤为重要的是，美国是朝鲜根本改善其外部环境、改善整体对外关系的关键性因素，中美两国对于从不同角度推动朝鲜半岛南北交流与合作进程，促进朝鲜半岛实现可持续发展与繁荣方面，均有着不可替代的独特作用。作为朝鲜半岛主要的外部大国，中国和美国通过磋商协调各自立场，在朝鲜半岛经济可持续发展的全面合作中开展双边协调与合作，既有利于早日促进朝鲜下决心彻底销毁核武器及其核计划，而且也利于推动建立朝鲜半岛永久和平体制，这显然也符合中美双方乃至本地区和平与发展的长远利益。

# 欧债危机背景下的欧盟和中欧关系

梅兆荣

2011 年，欧洲主权债务危机持续发酵、深化和扩展，影响到欧盟前途命运，关系到世界经济的复苏和发展。此次危机是多种深层次原因综合起作用造成的，是问题长期积累的结果，是欧洲发展模式、自由市场经济理论、西方民主政治制度和欧元缺陷造成的，因此是一种政治危机，也是全球化负面效应的产物。但欧盟不会解体，欧元不能失败。

欧盟及其主要成员国近年来对华经济合作需求明显上升，涉及中国核心利益问题时态度较前谨慎，中欧关系明显好转并保持了积极发展。

受国际金融危机和主权债务危机双重冲击，欧盟经济整体复苏缓慢，目前处于下滑低迷状态。2011 年 11 月 10 日，欧盟委员会发布经济预测报告，把 2012 年欧元区的经济增长率从原先估计的 1.8％下调至 0.5％（欧盟为 0.6％），失业率则在 10.1％的高位上徘徊。欧元区一些成员国为减少赤字而不得不紧缩政府开支，降低工资和社会福利，甚至裁减公务员，导致抗议、罢工浪潮不断，社会矛盾激化。欧盟一体化进程长期停滞不前，欧盟和欧元机制的缺陷进一步显现并广受诟病，群众中民粹主义、疑欧情绪上升。昔日引以自豪的高工资、高福利政策难以为继，“选举政治”作为西方民主的重要特征，其优越性也开始受到质疑。爱尔兰、葡萄牙、西班牙、希腊和意大利五国政府首脑相继下台，法、德等国的当权者也面临严峻考验。欧盟陷入了空前困境，德国总理默克尔称之为二战以来“最艰难时期”。

最令人瞩目的是欧洲主权债务危机的持续发酵、深化和扩展，其严重程度比人们想象的要大，影响到欧元与欧盟的前途命运，关系到世界经济的复苏和发展。欧债危机由小国到大国，由边缘到中心，爱尔兰和葡萄牙政府不得不求助于欧元区救助基金才免于违约，之后希腊和意大利的债务问题突出，现在西班牙和法国的问题也已引人关注。希腊积累公共债务高达3570亿欧元，相当于其国内生产总值的160%，由于该国没有强大的实体经济，而“寅吃卯粮”的问题又非短期内所能改变，普遍认为单凭其自身力量难以偿还如此巨额债务，如无欧盟救助难免违约破产。欧元区第三大经济体意大利（占欧元区GDP的16%）2010年的公共债务总额已占其GDP的119%，目前的债务总额高达1.9万亿欧元，其主权信用评级已被国际评级机构一再下调，债券收益率高达难以承受的7%左右。2010年比利时、爱尔兰、葡萄牙三国的公共债务也分别高达GDP的97%、96%和93%；占欧元区GDP总量9%的西班牙主权债务总额不大，仅为其GDP的60%左右，但该国失业率超过20%，青年失业率高达40%以上，其债券收益率也一度达到7%的警戒线；即使像德、法这样分别占欧元区GDP 29%和22%的大国，公共债务总额也分别占其GDP的83%和90%，均超过《稳定与增长公约》规定的60%上限，其中法国的公共债务2012年预计还将继续上升，特别是法国银行所持债券较多，其所持意大利一国的债券就达3000亿欧元，一旦意政府违约，将使其陷于严重困境。另外，据欧盟银行业监督机构2011年12月份的测试报告，欧盟71家大银行自有资金未达规定的9%标准，资金总缺额高达1150亿欧元。

欧债危机之所以不断恶化，与欧元区成员国之间救助措施不及时、不得力有关。法、德在解决欧债危机中地位举足轻重，并均声称欧元稳定事关欧盟前途命运，但出于各自内政原因及不同的利益处境，没能协调一致地发出强有力的救助信号，几经周折才于2011年10月27日在欧元区和欧盟峰会上就救助基金达成妥协方案。主要是：1. 希腊债务的私人银行持有者应减记50%债务，削减总金额约1000亿欧元。该措施原是德国的主张，由于损及法国银行利益较多，法国经过长时间的讨价还价才被迫接受。2. 欧洲金融稳定基金开始时只有2500亿欧元，由于债务总额越来越大而不得不一再扩容，先是扩容至4400亿欧元，继而又增至一万亿欧元。但德国财长朔伊布勒宣称，德国承诺的担保份额仍限定为2110亿欧元，不再增加。3. 希、意等债务国必须采取大幅度减赤措施，并须切实落到实处，以确保在规定期限内达到《稳定与增长公约》规定的债务限额，而不致成为“无底洞”。除此之外，欧元区国家还须通过立法，以协调、监控各成员国预算开支，防止主权债务进一步恶化、失控。

德、法两国经过长时间的磋商和激烈的讨价还价，终于在

2011 年 12 月上旬拿出了一个解决主权债务危机的“长期方案”，即建立“财政联盟”，以加强欧元区国家的政策协调和统一监管，重塑市场对欧元的信心。2011 年 12 月 8—9 日，欧盟峰会对该方案进行了彻夜讨论，最后 17 个欧元区成员国都赞成签署《财政联盟公约》，与《里斯本条约》并行不悖，9 个非欧元区成员国表示愿意考虑参加该联盟（其中 3 个还须征询议会意见），唯有英国因其维护伦敦金融中心特殊地位的要求未得到满足而表示反对。该公约的主要内容是：1. 刹住主权债务，严格遵守年度预算财赤不得超过 GDP 的 3％和公共债务积累不得超过 GDP 的 60％ 的上限。为此，各成员国的年度预算须交欧盟委员会审核监督。2. 对不遵守上述规定的成员国实行“自动”惩罚。所谓“自动”惩罚，就是不再像过去规定的那样，须以“有效多数”通过决议才给予惩罚。3. 2012 年 3 月拿出公约草案讨论通过。除此以外，此次峰会还决定提前于 2012 年启动欧盟稳定机制（ESM），而欧洲金融稳定基金（EFSF）将继续执行到 2013 年。应当指出，虽然这次峰会不可能立竿见影地解决主权债务问题，但建立财政联盟是向治本方向迈出了第一步，修正了欧元机制设计的错误，它意味着某种程度的主权让渡，如其能得以落实，将是向一体化方向前进的一个重要步骤。

欧洲主权债务危机是国际金融危机的延续，是多种深层次原因综合起作用造成的，是问题长期积累的结果。从根源上说，是欧洲发展模式、自由主义市场经济理论、西方民主政治制度的弊端和欧元机制设计的缺陷造成的，也是全球化负面效应的产物。

第一，它是推行“高工资、高福利、高税收”发展模式的产物。长期超前消费而缺乏严格的财政监控，是造成财政窟窿越来越大的根本原因。但其背后的推手，却是西方民主制度下的“选举政治”。政客们为了笼络人心，争取选票，巩固自身政治地位，或者不负责任地“超前开支”，或者隐瞒财政赤字的事实真相，即使发现了严重问题，由于不敢得罪选民或伤及某些利益集团，也不能通过改革及时予以纠正。

第二，自由主义市场经济理论造成的恶果。情况表明，凡是重视实体经济，保持强大制造业的国家，情况都相对较好，即使出现了严重的财政赤字，也有条件逐步偿还债务，而那些信奉自由主义市场经济理论，把注意力过多集中于金融业，企图靠金融衍生产品投机快速致富的国家，由于产业空心化，一旦金融泡沫破灭，就会陷入极大困境。

第三，全球化的双刃剑效应。在全球化迅猛发展的背景下，企业为了追求利润最大化，规避本国“高工资、高福利、高税收”成本负担，越来越多地把生产基地乃至研发机构移至国外靠近市场的低成本地区，导致本国政府税收减少、失业率上升，而社会保障费用却急剧增加，进而导致政府财政赤字扩大。另一方面，新兴经济体得益于全球化而群体性崛起，对欧洲发达国家的竞争压力增大，但生活优裕、政治优越感浓重的欧洲人面对新形势新问题，却未能与时俱进地转变观念，通过必要的改革及时应对挑战。

第四，欧元机制设计存在先天性缺陷。德国前总理施罗德指出：“欧元是个早产儿。”统一货币本应是建立政治联盟的最后一环，但 20 世纪 90 年代初欧洲领导人急于求成，企图借统一货币来推进欧盟财政经济政策一体化，因而提前引进了欧元，这造成了三大弊端：一是没有与经济、财政、税收和社会福利政策的协调相结合。虽然《稳定与增长公约》规定成员国当年的财政赤字不得超过 GDP 的 3%，公共债务积累不得超过 GDP 的 60%，但该条约对各国没有产生国际法意义上的约束力。事实上，包括德、法等核心成员国也都没有严格遵守。二是加入欧元区后没有了本国货币，也就失去了通过贬值本国货币以增强本国产品竞争力的政策手段，只能通过借贷来弥补财政亏空，成为造成国家公共债务越积越多的原因之一。而欧元的实施使南欧国家原本较高的利息大大降低，又促使这些国家大手大脚地靠借贷度日。三是当年为了尽可能多地吸收欧盟国家加入共同货币区，对申请国既没有规定严格的加入标准，也没有成员国可以“退出”或惩罚成员国违规的严格制度，对成员国的借贷幅度没有法律约束。

综上所述，欧债危机既是经济金融危机，更是一种政治危机，即发展模式和政治制度危机。

## 二

德国总理默克尔最近指出，欧债“危机并非一夜之间形成的，而是几十年错误积累的结果”，在欧盟面前摆着的是“一条漫长而崎岖的道路”。这番话意味深长，既有为她未能及时有效地解决欧债危机进行辩解的含义，更是为建立进一步一体化的“新欧洲”以解决当前这场债务危机和经济困难造舆论的用意，但也证实了欧债危机的深层次根源以及欧盟困境的严峻。那么，在当前严峻的欧债危机背景下，应当如何看待欧盟呢？在这个问题上，应当防止“一种倾向掩盖另一种倾向”。

全面而客观地看问题，欧洲迄今联合的成果是巨大的，具有历史意义。主要表现在五个方面：一是保证了欧洲战后60年的和平发展，实现了通过联合确保欧洲内部“不再战”的初衷，欧盟已成为当今世界格局中一支重要的力量，这是一个不容低估的最大成就；二是建立了统一大市场，实现了商品、资本、服务和人员的四大自由流动，促进了成员国的经济发展，增强了欧盟作为整体的竞争力，欧盟已成为世界上第一大经济体；三是建立了货币联盟，在17个成员国使用统一货币，欧元已成为仅次于美国的第二大国际货币；四是制定了统一的移民政策、边防检查等共同的内部政策，并向司法趋同发展；五是在外交、安全及防务等方面的协调取得了一定的进展，《里斯本条约》实施后，欧盟外交与安全政策高级代表即欧盟外长的权限和影响力有所增强。

但是，欧盟一体化在取得重大进展的同时，也遭到了一些挫折并面临着一系列新的问题和挑战。主要有以下十点：1. 苏联的解体诚然使欧盟减少了外部安全威胁，但也减弱了推进其一体化的动力，并使欧美团结的粘合剂趋于松弛；2. 欧盟在经济实力增强后谋求建立政治联盟并成为独立一极的努力，引发了美国的疑虑，美为防止欧盟有朝一日挑战美国的领导地位，在利用和借重欧盟的同时，加大了分化欧盟的努力；3. 德国统一为欧洲统一创造了前提，政治上是一个了不起的成就，但却大大削弱了西德的财力，使统一后的德国难以拿出更多的钱来推动欧洲一体化；4. 欧盟出于政治考虑，于2004年和2007年一下子扩大12个东中欧新成员国，虽然拓展了欧盟

在中东欧的影响，但也因此患上了“消化不良症”，新成员国带着各种各样的动机和期望加入欧盟，使欧盟内部利益和诉求多样化，“一致通过”的决策机制更加不能适应，决策和行动能力受到严重制约；5. 为进一步推进一体化建设而开始的欧洲制宪进程因法、荷公投否决《宪法条约》而严重受挫，不得不把所有显示超国家机构性质的条款统统删除，简化为《里斯本条约》后仍经过一波三折才得以通过，表明欧洲民众对建立超国家机构抵触情绪很大，不愿意把主权交给一个他们不放心的欧盟机构；6. 欧盟《稳定与增长公约》的合理性和可操作性受到质疑，特别是由于贯彻不力，监管不到位，大多数成员国的财政赤字和公共债务积累超过了限额规定，酿成了影响欧元地位和经济复苏的主权债务危机；7. 欧元机制不与协调统一的财政经济政策、税收政策以及社会福利政策挂钩，成员国因失去了利用本国货币杠杆调节经济的手段，不得不依赖财政刺激手段拉动经济，从而加剧了政府债务；8.“高工资、高福利、高税收”政策在新形势下难以为继，而“选举政治”决定了当政者难以有长远目光和大刀阔斧地改革的勇气和决心，因为谁要改革谁就可能丢票而下台；9. 法德密切合作主导欧盟决策的“轴心”作用今非昔比，众多的中小成员国话语权增多，对德法主宰或支配欧盟的反抗增强，特别是德法之间的利益矛盾增多，也难以像过去那样协调一致地带动整个欧盟；10. 欧洲目前缺少有战略眼光和政治远见并负众望的政治家，群龙无首的欧盟难有大的作为。

总的来看，欧盟虽是当今世界上覆盖面积最大、经济实力最强、一体化程度最高的主权国家联合体，但也是一个内部利益多元化、发展水平差别很大，还没有形成共同外交安全与防务政策，对外难以用一个声音说话，是在可预见的将来一体化进程难有重大突破的统一体。目前，欧盟的国际地位相对下降，欧洲人的失落感和危机感上升，担心在国际上被“边缘化”的焦虑情绪的滋长和蔓延。

但欧盟不会解体，统一大市场不会改变，欧元不能失败，在这些问题上欧盟内部存在着广泛一致。不过，由于发展水平不同，今后会出现“不同速度”的一体化，即有条件的成员国在某一个或某些问题上先行一体化，其余国家可以在条件成熟时再跟进。这是德国早在1994年就已提出的主张。随着时间的推移，类似“申根协定”、“欧元区”那种不是所有欧盟成员国都参加的“双速一体化”是必然趋势，27个成员国“齐步走”的一体化难度太大。在今后的发展进程中，德国作为经济实力最强的大国，在欧盟决策中影响力和发言权势将进一步上升，具有举足轻重的地位，但也不可能主宰欧洲。需要指出的是，德国新一代领导人历史负罪感不如其前辈，加之国内民众中民族利己主义抬头，为推动欧洲一体化而慷慨解囊的意愿和能力减弱，虽然必要时仍会做出“牺牲”，但也更多是为了自身长远利益，确保德国60％的出口市场，并借重欧盟的整体力量发挥其大国作用。

历史的经验告诉我们，欧盟常常是在深陷危机时，在一体化问题上取得一些小步子的进展。为了治理导致主权债务危机的各种弊端，欧盟内部正在一些问题上进行反思并酝酿提出改进措施，但能否从根本上铲除某些病根，在一体化道路上取得重大突破，还有待时间来提供答案。

## 三

中欧关系在过去的36年中既有合作也有摩擦，总体上共同利益超过分歧。即使欧方一时一事消极面突出，经过一段时间的较量和交锋，由利益驱动的积极因素终究占据上风，压倒意识形态主导的“价值观外交”的消极面。尽管多次出现曲折，中欧关系总体上还是不断向前发展的。欧洲已是我国最大的贸易合作伙伴和重要的出口市场，也是我国引进技术的主要来源地和吸收外资的主要来源之一。中欧之间没有地缘政治上的直接冲突，也不存在历史遗留下来的争议问题。欧盟及其成员国对解决重大国际问题的政策理念与我国有相对较多的共同点，在改革不合理的国际金融体制方面同我国也有某些共同利益。欧洲可以成为我国保持经济平衡较快发展，加快转变经济发展方式的重要合作伙伴，是我国构筑未来国际体系可以借重与合作的力量，也是我国在维护国家核心利益方面需要团结争取的对象。

中欧关系36年来的经验告诉我们，欧方对华政策中始终追求三个带根本性的目的：一是利用中国不断增长的巨大市场和回报率较好的投资场所，通过扩大与中国的经贸合作捞取实实在在的经济利益，这是中欧关系的主线和主要支撑，也是中欧关系的突出特点和亮点；二是借重中国日益提升的国际地位和影响力为其所用，同时努力把中国纳入西方主导的政治、经济、金融体系，借以约束中国；三是在合作与交流中以各种方式影响中国的发展方向，促使中国在政治制度、意识形态和价值观

念上朝着西方所希望的方向“演变”。

应当指出，欧盟及其主要成员国近年来对华经济合作需求明显上升，涉及中国核心利益问题时态度较前谨慎，因而中欧关系明显好转，保持了平稳积极发展。但欧方对华态度一直有两面性：一方面重视中国的国际地位，认识到全球经济治理和重大国际问题的解决不能没有中国参与；另一方面受欧洲中心主义和文明优越感驱使，又难以适应中国的迅速崛起，对中欧发展中的反差产生了某种失衡的复杂心态。欧洲经济界和政界精英口头上承认中国的发展对他们是“机遇”，意识到中国这个巨大市场和投资场所的不可替代和不能割舍，但潜意识里仍认为中国的强大和竞争力的增强是一种“威胁”，因而既要同中国开展合作以谋取实惠，又要想方设法牵制中国的发展和削弱中国的竞争力，包括限制对华技术转让和强化保护主义。欧洲人一向标榜西方民主制度具有“普世价值”，现在感到中国的发展道路越来越受到国际上的认可，并削弱着西方政治制度的吸引力，内心深处为西方逐渐丧失其制度优越性感到焦虑，一些媒体和政客不时地借所谓人权、民主、自由等问题对中国说三道四，以占领所谓的“道德制高点”并安慰自己失落的灵魂。欧洲一些人对解决国际问题的理念和改革美国控制的国际金融机制的诉求与我国有共同点，也有意借重我国力量，但又常常摆脱不了历史上形成的“大西洋情结”和保持与美国一致的所谓“传统”，在节骨眼上屈服于美国的压力。欧洲一些国家的这种两面性，凸显了我国对欧盟工作的必要性、可能性和复杂性。

在当前的欧债危机中，鉴于中国的外汇储备位居世界第一，欧洲一些人希望中国能出手援助，但另一些人出于意识形态考

虑则表示反对，声称向中国求援是不体面的“叩头”，甚至对中国投资欧洲进行恶毒攻击。这再一次凸显了欧洲的两面性。实事求是地说，欧洲经济尽快实现复苏、发展，不仅符合中国的利益，也是世界经济实现复苏、发展的重要前提。正因为如此，当欧洲一些国家受主权债务危机打击，经济上陷入困境之初，中国就向欧方发出了“同舟共济”、“增强信心”、“共度时艰”、“支持欧元”等强烈信号，并且购买了欧洲受困国家的不少债券。但正如胡锦涛主席 2011 年 11 月初在 20 国集团峰会期间所指出的，解决欧债危机主要还是靠欧洲，欧洲完全有智慧、有能力解决债务问题。当然，由于世界各国的经济相互依存度已很大，不存在一国可以独善其身的可能，因此国际社会也应提供支持和帮助，为此国际社会需要统一思想。现在的问题是，欧盟国家内部在解决欧债问题上是否已经取得完全一致？欧方是否真的希望得到外来援助并愿意在什么条件下接受外来援助？中国希望欧洲尽快克服欧债危机，实现经济复苏发展，不像有些美国人那样“落井下石”，力图排除欧元这个竞争对手。国际社会协调一致援助欧洲，中国不会缺席。但援助不能是无偿的，必须有安全保障。

综上所述，我们在努力推动中欧关系时，要保持头脑清醒，全面地考虑到各方面的因素。在中欧关系遇到困难时不悲观失望，在关系发展顺利时不盲目乐观。要坚持相互尊重、平等互利、求同存异、合作共赢的原则，持之以恒地着力于增进相互理解和信任，以团结合作为目的，努力争取中欧战略伙伴关系不断取得新进展，以利于我国现代化建设，并为世界持久和平和共同繁荣作出应有的贡献。

# 欧元区债务危机与国际战略格局演变

于　凡

欧元从诞生起就是国际战略平衡的产物，欧元区债务危机的爆发也似乎是一种国际战略博弈的产物。随着欧洲债务危机的深化，人们似乎忘记了美国才是这场国际金融与债务危机的发源地。然而，美国的危机并未结束。为了走出危机，美欧在激烈竞争，吸引新鲜资本。欧洲要走出货币危机，需要更进一步的财政一体化。方向虽然明确，但要具体落实还需时日。中国应支持欧洲统一财政，度过危机。让欧盟在世界舞台上扮演重要一极的角色对中国来说非常重要。

欧元区的债务危机似乎远未结束。当意大利、西班牙、葡萄牙的债务危机尚未平息，刚刚度过危机的希腊似乎又面临着新一轮还债的高潮。希腊与欧盟的谈判虽然有了一定的结果，但希腊马上爆发了新一轮社会抗议活动。欧元区能挺过 2012 年吗？美英的舆论不停地在质问。

事情到了这一地步，似乎远不是欧元区成员国的财政紧缩与经济衰退构成恶性循环所能解释的。我们似乎应该重温一下

欧元上马的前后经历，了解创建欧元的动力是什么，才能理解为什么有些欧洲战略家认为欧元区的债务危机不是偶然的，才能理解如果欧元区垮台，世界经济将会遭受怎样的冲击。

## 一、欧元诞生前后的国际战略变化

欧元的诞生不是偶然的，是欧洲人要对付美元霸权的产物，也是欧洲本身地缘政治平衡的产物。

美元在国际货币体系中的霸权地位是由布雷顿森林会议定下来的。但美元在 20 世纪 60 年代就开始出现了危机征兆，提出美元两难选择的第一人是在美国教书、同时又是国际货币基金组织高级顾问的比利时经济学家特里芬。他提出，美国如果没有贸易赤字，则其他国家不会有美元储备；而如果美国贸易赤字太大，则其他国家又担心美国会利用美元贬值来转嫁债务负担，于是就可能产生挤兑，就会产生危机。特里芬建议在国际货币体系中创造一种人造的货币：特别提款权，让国际货币基金组织来管理，用以解决美元这一美国的主权货币作为世界储备货币的两难问题。然而，当尼克松政府决定让美元与黄金脱钩，美元大幅贬值后，美国人就认为特里芬说的两难解决了，他建议创建的特别提款权也被束之高阁。特里芬看透了美国人不想解决美元的两难问题，而是想利用美元的霸权地位占欧洲的便宜。于是，特里芬提前从耶鲁大学退休回到了比利时。碰巧，当时的欧共体委员会主席詹金斯也是比利时人，与特里芬的关系很好，并聘请特里芬为欧共体的顾问。特里芬对詹金斯说，对付美国必须有“胡萝卜加大棒”，“胡萝卜”是统一市场，而“大棒”便是自己的货币。后来，欧共体国家便积极建立共同货币机制，最终创立了统一货币欧元。欧共体也更名为欧洲经济与货币联盟。

欧洲统一货币产生的时机也非偶然，虽然说这是欧洲一体化发展的结果，但如果不是德国的统一突然出现，统一货币还不知什么时候会实现。

在第二次世界大战结束后，法德联盟虽然是欧洲一体化的核心，但法德的地位完全不一样。法国是战胜国，是联合国安理会常任理事国，是世界公认的核俱乐部成员。而德国却被一分为二，领土上驻有外国军队，主权受到很大限制。但西德就是在这种地位上，卧薪尝胆，全力发展经济，很快成为西欧最强大的经济体。德国是个“经济巨人、政治侏儒”，需要法国这个政治强国在世界舞台上替它说话，法德这一对搭档就这样形成了。1989 年 11 月，柏林墙的倒塌加快了建设欧洲经济、货币联盟的步伐。法国总统密特朗担心，统一后的德国不会再热心于欧洲一体化建设。1990 年 6 月 21 日，东西两德的议会通过了一个成立经济、货币联盟的协议。1990 年 7 月 1 日，东德人以一个东德马克换一个西德马克的汇率完成了向西德马克的过渡，而当时的官方汇率是一个西德马克换七个东德马克。尽管当时的德国联邦银行行长波尔很不满意，但西德总理科尔固执己见。他凭着政治家的直觉，认为只有这样才能稳住东德人的民心，两德统一才能顺利过渡。

密特朗从德国统一货币中得出的结论是，如果任凭事情发展，未来的欧洲大陆就会是一个马克区。既然西德总理科尔能逼迫德国联邦银行行长在货币问题上让步，如果法国拿出欧委会主席德洛尔已经准备了一段时间的统一货币计划，敦促德国在欧洲货币统一方面迈出更大的步伐，科尔便无法再继续搪塞、敷衍。于是，密特朗几乎向科尔提出了一个德国统一的条件，即让出马克，共同建设统一的欧洲货币。科尔面临德国国内舆论巨大的压力，德国人不愿意放弃马克而采用另一种前途未卜的欧洲共同货币。但科尔又是个热心的欧洲联邦主义者，一直想找到一条建设欧洲联邦制的道路。他最后同意了密特朗的建议，积极支持统一货币。

1991年12月，欧共体12国的首脑在荷兰小城马斯特里赫特召开会议，决定成立欧洲联盟，缔结了欧洲经济与货币联盟条约。在首脑会议上，法国总统密特朗联合意大利总理安德列奥蒂，提出了一个法意计划，要求制定一个统一货币的时间表。德国总理科尔开始还犹豫不决，但看到自己明显要被孤立，只好同意了法意的提议。欧共体的首脑们定下了1997年1月1日和1999年1月1日这两个日子为正式实行统一货币的时间。但在1995年戛纳召开的欧共体首脑会议上，12国领导发现许多国家都达不到统一货币的标准，已经宣布的日期自然被推到了1999年1月1日。欧元问世后，对欧洲经济的稳定起了很大作用。20世纪90年代初，欧洲曾两度受到货币危机的困扰，意大利里拉、西班牙的比塞塔和英镑都曾经被迫退出了欧洲货币体系。

欧元启用后，极大地方便了欧盟的统一市场，而且在国际货币体系中迅速成为仅次于美元的通用货币。当2008年美国爆发金融危机后，美元大幅贬值，而欧元资产则成为抢手的资产，直到2009年底希腊债务危机显现。

## 二、欧元区债务危机的爆发是不是个现代的“特洛伊木马”

希腊债务危机的起因是2009年底美国三大评级机构同时给希腊的主权债务降级，随即希腊国债的利息迅速攀升。很快，希腊就无法在资本市场上融资了，只能求助于欧盟。

法国的战略研究人员认为，欧元区债务危机的出现时段似乎也不那么偶然。当希腊债务危机爆发时，正巧是欧元区债务总额要超过美元债务时，这种时间的巧合有些令人匪夷所思。他们怀疑，希腊债务危机爆发的前后有没有美国的战略安排？希腊如果没有美国公司高盛的“金融创新”安排，根本不够条件进欧元区。所以，希腊进入欧元区就如同美国在欧元区内安置了一个“特洛伊木马”。引爆这个木马的恰恰又是美国评级公司给希腊主权债务的降级。这一环套一环的设计难道那么偶然？

其实，希腊进入欧元区就很勉强。欧元区的基础文件《马斯特里赫特条约》规定，成员国的预算赤字不能超过国内生产总值的3%，通货膨胀率不能超过3%，公债水平不能超过国内生产总值的60%。然而，希腊在申请加入欧元区时，预算赤字水平与公债水平都达不到标准。这时希腊便求助于美国投资银行高盛。高盛为希腊设计出一套“货币掉期交易”方式，为希腊政府掩饰了一笔高达10亿欧元的公共债务，从而使希腊在账面上符合了欧元区成员国的标准。

这一被称为“金融创新”的具体做法是，希腊发行一笔100亿美元的10—15年期国债，分批上市。这笔国债由高盛投资银行负责将希腊提供的欧元兑换成美元。也就是说，高盛实际上借贷给希腊 10 亿欧元。但这笔钱却不会出现在希腊当时的公共负债率的统计数据里，因为它要 10—15 年以后才归还。希腊有了这笔现金收入，政府预算赤字从账面上看仅为国内生产总值的 1.5%。而最近透露出来的消息表明，当时希腊真正的预算赤字占到其国内生产总值的 5.2%，远远超过欧盟规定的 3% 以下。

除了这笔借贷外，高盛还为希腊设计了多种“增加财政收入”的方法，如将国家彩票业和航空税等未来的收入作为抵押，来换取现金。在统计中，这种抵押换现金的方式不是负债，却变成了出售，即银行债权证券化。通过这些服务和借贷，高盛拿到了高达 3 亿欧元的佣金。为防止自己的投资打水漂，高盛还向德国一家银行购买了 20 年期的 10 亿欧元“信用违约互换”（CDS）保险，以便在债务出现支付问题时由承保方补足亏空。

然而，2010 年 1 月底 2 月初市场上出现了对希腊债务的金融攻击。这次攻击出现在希腊多笔债务即将到期时，各种炒作希腊出现支付能力问题的谣言四起，从而使市场出现大幅动荡。其结果是欧元下跌，希腊融资能力下降、成本剧增（借贷利率高出一般新兴国家两倍以上）。由于希腊金融状态恶化，对希腊支付能力承保的 CDS 价值翻番上涨。“信用违约互换”（CDS）本来是对一个主权国家债务可能违约而创设的一种保险，即当某个债权人对一个主权国家的支付能力产生怀疑时，他便可以购买 CDS 保险，一旦出现违约由承保方负责支付亏空部分。本来 CDS 是与国债联系在一起的保险产品，但事实上却可以被剥离出来单独作为金融产品在市场上交易。目前，全球 CDS 交易的金额已达天文数字，且有60％的交易不透明，因而成为对冲基金争宠的对象。当投资者怀疑希腊的支付能力时，希腊债务的CDS便上涨。而事后人们发现，持有大量的希腊国债CDS的投资者不是别人，恰恰是持有和发行希腊债务的高盛和两家对冲基金。这几家公司干的是，在希腊未被怀疑有支付能力问题时大量购进希腊债务的CDS，到时再对希腊的支付能力信誉发出质疑，等到市场开始动摇时便发动攻击，待希腊国债的CDS涨到最高点时抛出。

如果希腊出现支付危机的话，欧洲各大银行将出现多米诺骨牌效应，会拖累一大批欧元区银行。希腊在21世纪初发售的国债，要么是欧元区各大银行所购买，要么得到了欧元区银行或保险公司的担保，更不用提为希腊做出多种担保的欧洲中央银行了。也就是说，在希腊债务问题上，上演的却是欧元区的未来前景。最令希腊没有想到的是，这场针对希腊支付能力的攻击的背后，居然就是高盛和另外两家美国对冲基金。也就是说，高盛一方面以所谓的“创造性会计”方式为希腊政府出谋划策，做虚账以使希腊符合欧元国家标准；另一方面却同时在背后攻击希腊和欧元，从中牟利。

危机前，希腊与德国债券的利差只在百分之零点几。对希腊可能违约的怀疑越大，希腊筹资的成本就越高，经济增长的负担就越重，还债的能力就越小，因此是一种恶性循环。

从20世纪后期以来，货币危机一爆发就在某个地区迅速蔓延，形成“传染”之势。1997年亚洲爆发金融危机时，危机就是从泰国开始，迅速向其他东南亚国家蔓延的，最后连韩国、日本、中国香港地区也被卷了进去。这次从希腊开始的欧元区债务危机也一样。随着希腊债务形势的恶化，人们开始怀疑欧元区其他国家也可能出现债务违约的情况，把葡萄牙、爱尔兰、希腊与西班牙五国的首个字母拼在一起，就形成了英语“PIGS”，“笨猪”四国的说法不胫而走。后来，意大利国债也被人怀疑，PIGS 变成了 PIIGS。债务危机不断扩大，连法德等核心欧元区国家的国债发行也受到了威胁。

## 三、欧洲债务危机是否掩盖了美国的金融危机

欧元区债务危机起来后，2008 年由美国房地产泡沫破裂引发的国际金融危机却没太多人顾及了。是美国的危机已经过去，还是欧元区的债务危机掩盖了美国的金融风险呢?

其实，欧元区的危机很大程度上与成员国的银行体系中坏账的迅速积累有关，而其中有很大一部分是因为投资美国市场上的次级债而陷入了困境。当美国的金融危机爆发，许多欧元区成员国的银行受了“附带损害”，为了救助这些金融机构，欧元区成员国的政府动用了财政的钱，结果财政赤字猛增，主权债务迅速攀升。危机中，其他机构的金融债券都不如政府的信誉高，而各大央行又实行了宽松的货币政策，借起钱来又容易又便宜，许多欧洲机构又借钱买了大量主权债务，直至最终欧元区的主权债务危机爆发。

随着危机的发展，欧元区的问题似乎都暴露了出来。但美国的问题是不是就能自然解决了呢？清华大学的李稻葵教授认为，美国的问题其实更复杂，可能比欧洲的问题更难解决。他认为：第一，从基本面上来讲，欧洲的情况比美国好，而且好

得多。比如，从结构性财政赤字（除去还债利息之后）来看，欧洲大部分国家的情况都不错，最糟糕的是爱尔兰。根据OECD（经济合作与发展组织）最近的一个研究，爱尔兰的预算赤字占其GDP的6%多一点儿，其他国家基本都是在5%以下，其中意大利是正的，是有盈余的。相反，如果按同样的方法去看待美国，情况要糟得多。比如，美国现在结构性的基本财政赤字占GDP的7%，远高于欧洲，这还只是美国联邦政府的赤字情况，如把地方政府算进去的话，情况就更加糟糕。第二，欧洲的问题已经充分暴露，而美国的问题并没有完全充分暴露。欧洲国家的财政赤字有50%以上用于福利开支，其中削减的空间是非常大的。如果个别成员国如希腊出现违约，它可进行内部的改革，削减福利开支、降低实际工资、降低单位劳动成本、跟上德国人的改革步伐。李稻葵认为，如果出现违约，德法等核心国家的金融机构也会出现问题，会带来新一轮的金融动荡，但是通过调控后，欧洲可以恢复稳定。

其实，欧洲债务危机是一个政治问题，总体来说，欧洲的财政是平衡的，只是工业化、富裕的北方国家相对南方国家有大幅顺差，而南方国家相对北方国家有逆差。如果不算这些欧盟内部的差异，欧盟整体对外部经济来说，贸易出口还略有赢余，而美国相对外部经济就只有逆差了。另一个差距在于，欧洲人储蓄率虽然不如亚洲高，但还是较高的，企业也有储蓄。但美国的家庭与企业的债务都很重，整体社会的负债率远高于欧洲。因此，只要欧洲人找到一个政治解决的办法，北方国家与南方国家能达成妥协，欧洲的债务危机应该不难解决。

如此看来，欧洲与美国之间有某种竞争关系。美欧都面临着债务不断膨胀、经济增长乏力、主权债务违约风险在加大的威胁。要克服这些威胁，重要的是能吸引到新鲜资本，吸引到新的投资者。谁捞到新鲜资本，谁的债务就能滚动起来，谁就能控制债务成本。如果欧元区陷入债务危机，新鲜资本为避险只能流向美国，美国就可能靠新鲜资本让自己的债务重新滚起来。这里面的逻辑关系很清楚。因此，美国的金融公司不仅可以借欧元区的债务危机发一笔财，而且还可以把大笔亚洲及产油国的剩余资本拉到美国去，压低美国的债务收益率，帮助美国政府廉价筹资。

## 四、欧债危机是否会成为进一步推进欧洲一体化的契机

为了解决欧洲的债务危机，2011 年以来欧盟国家领导人已经开过无数次峰会，研究了各种解决方案。最终除了英国与捷克外，其余欧盟国家领导人都同意要继续迈向欧洲一体化，要进一步统一欧盟的财政，设立统一的财政标准，制定惩罚机制并付诸实施。

虽然落实这些措施还需要一定时间，而且还不能排除一些国家未来可能受不了严格财政纪律的约束，最终会选择退出欧盟的可能。但债务危机却使欧洲的一体化朝着欧元区的设计者们原来设计的方向前进了一些。

欧洲债务危机爆发后，总有些人指责欧元区的制度设计，认为统一货币区没有共同财政政策注定要失败。其实，欧元区的设计者们并非不知道这一设计中的缺陷。但是，当时德国的

突然统一逼着他们拿出一套方案来保证未来的欧洲一体化发展之路，统一货币的设计者们不可能等到统一财政的条件齐备时，才决定统一货币上马。所以，统一货币某种程度上也是一种政治选择。另外，欧元区的设计者们其实当时已经预见到了今天的危机，他们还指望利用货币危机来统一财政，从而走向欧洲联邦制之路。

如果我们重温一下欧洲一体化的历史，就可以发现，欧洲一体化从最初开始时就是由一批欧洲的联邦主义者推动的。他们的最终目标是建立一个欧洲合众国，与美国一样。但是，欧洲经历过那么多次战争，不同民族之间的芥蒂很深，要建立一个统一国家非常不容易。因此，推动欧洲统一的政治领导人就采取了一种渐进的办法，从经济到政治，从易到难。但这种过程需要有某种动力，而欧洲统一的动力往往来自于危机。欧洲要一体化，一些问题就产生了，如果还限制在传统的民族国家内，问题解决不了，危机就会深化。因此，必须向前迈出一步，找到一个共同的解决办法。这样就只好把部分国家的主权交给欧洲层面去解决，欧洲一体化就前进了一步。统一煤钢市场，统一关税，统一市场，进而统一货币……这个逻辑一直没变。《马斯特里赫特条约》的制定者们知道，只有统一的货币，建立统一的中央银行，而没有统一的财政部，就会出现货币政策与财政政策不匹配的问题。久而久之，一定会爆发危机。欧洲人会明白，要解决这些问题，只有统一的货币政策是不行的，必须统一财政政策。因此欧洲的政治领导人最后一定会想到用统一财政的办法来解决货币危机。如果财政统一了，欧洲统一国家的事情就完成大半了，其余的政府功能统一，只是个时间问题，一切都会水到渠成。

随着欧洲主权债务危机的深化，欧盟国家领导人终于达成了建设统一财政的协议。当然，现在看欧盟讨论的统一财政与欧元区设计者们的初衷还差得很远，我们远未看到未来统一欧洲财政部的雏形。因此，也许欧洲债务的危机还远未结束。

可以说，危机使欧洲大陆国家中的两股势力在进行一场殊死的斗争。一股力量是民族主义力量，他们反对欧洲一体化，想走回头路，想借助于熟悉的民族国家来保护自己的既得利益。一些欧洲北方国家的政治人物想利用这种民族主义情绪在政治舞台上获得更多的注意，他们指责陷入危机的国家，煽动民众的情绪，要把一些经济不够强大的国家甩出去，赶出欧元区。遗憾的是，这些煽动极端民族主义情绪的政治人物的声望在上升，给目前执政的欧元区国家政治领导人施加了巨大的压力，使他们很难做出快速推进财政一体化的决定。而另一股力量是推动欧洲一体化的力量，他们希望借危机的力量来推动各成员国的财政改革，最后达成统一的欧洲财政，把欧洲一体化推向一个新的高度。如果民族主义势力占上风，那欧元区及欧盟的命运就岌岌可危了。

欧洲债务危机爆发后，国际舆论每每把中国扯了进去，似乎中国这个外汇储备最多的国家愿不愿意出手帮助欧洲会决定欧洲的未来。而中国的舆论则大喊，按人均 GDP 来衡量，中国与希腊的水平差不多。中国还是个穷国，穷国拿钱去支持富国，道理上讲不通。特别是，某些中国的舆论喜欢拿欧洲对中国的态度不好说事，比如欧洲的某些政治家总喜欢“敲打”中国，不是用接见达赖来刺激中国就是拿个什么奖去鼓励一下中国的

持不同政见者。而且，尽管欧盟和中国签署了全面战略伙伴关系，但欧盟至今对中国还保持着武器禁运，还不承认中国的市场经济地位，这种战略伙伴关系似乎有名无实。中国为何要那么实在地去出资帮欧盟走出债务困境呢？其实，我们看待欧盟与欧元的命运时眼光应该放远一些，摈弃那些“小家子气”的想法。毕竟欧元的出世是国际货币体系中的一大重要因素，使国际货币体系中有了另一种抗衡美元的力量，也使中国在分散外汇储备风险时多了一个选择。欧盟在国际事务中的平衡力量和在世贸组织中的作用不该被忽视。想想：是欧盟的立法阻止了美国大企业在国际市场上的垄断行为；又是欧洲议会在调查美军在伊拉克战争中使用贫铀弹造成的巨大损害问题，并在寻找用立法的方法阻止未来战争使用贫铀弹。帮助欧盟进一步走向一体化对中国建立多极世界的外交目标可以说利远远大于弊。

# 西亚北非大动荡：表现、根源与前景

田文林

西亚北非的动荡经历了民众自发抗议和西方干预的过程，使一些国家改朝换代、一些国家的政权岌岌可危。动荡的根源是内外矛盾共同作用的结果。从内部看，是政权属性转向、过度开放导致陷入“全球化陷阱”以及亲西方外交恶化了阿拉伯政权生存环境等几大结构性矛盾长期郁积的结果；而全球金融危机以及地区政治生态失衡则是助推动荡的外因。中东动荡将引起阿拉伯国家的深度改革，军队作用将明显；政权“伊斯兰化”倾向加强；中东地缘格局重新洗牌，并有爆发地区战争的可能。

2011年初突尼斯本·阿里政权垮台，继而在阿拉伯世界引发前所未有的政治地震，几乎所有阿拉伯国家都出现程度不同的政权危机，若干执政几十年的强人政权被推翻，且这场动荡至今未完全“尘埃落定”。这场政治动荡当前到底发展到何种程度，导致动荡的真正根源是什么，其未来走势如何，这些问题都值得深入探讨。

## 一、对当前西亚北非动荡的整体扫描

自2011年初开始的西亚北非局势动荡，使中东国家内部及

地区政治生态环境发生前所未有的深刻变化。盘点一年多来的地区形势，可以看出地区格局呈现如下态势。

从横向看，当前中东国家生存状态呈现三种状况。

一类是政权已经“改朝换代”的国家，包括突尼斯、埃及、也门、利比亚等。在突尼斯，执政23年的本·阿里于2011年1月14日被赶下台；在埃及，已连续统治32年的穆巴拉克在苦苦支撑18天后，也在2011年2月11日黯然下台。在也门，执政三十多年的萨利赫总统虽然软磨硬顶，但坚持到2011年11月终于被迫辞职。在利比亚，执政超过42年的卡扎菲政权在内外武装力量打压下，最终于2011年10月20日战败身死，原政权被彻底推翻。但这些国家完成政权更替后，国内民生并未根本改善，物价高涨、生活品匮乏、社会秩序混乱、失业率升高等问题更加严重，民众抗议示威事件不断，某些国家爆发“二次革命”的可能性不能排除。

第二类是危机仍在发酵、政权岌岌可危的国家，当前主要是叙利亚。叙利亚自2011年3月18日爆发大规模反政府示威，巴沙尔政府动用武力镇压，迄今已造成数千人伤亡。流血冲突引发更大规模民众抗议，抗议者提出巴沙尔下台、解散安全机构、推翻现行体制等口号。目前，叙利亚反对派从无到有、日趋强大；阿盟对巴沙尔政权日趋失去信任，而西方在经过长时间空袭推翻卡扎菲政权后，得以腾出手来对付伊朗。可以说，巴沙尔政权已错过在国内动荡初期强力稳定政局的“窗口期”，时间天平已开始向反对派和西方一边倾斜。巴沙尔政权前景不容乐观。

第三类是局势总体可控的国家，如沙特、巴林、摩洛哥、约旦、阿尔及利亚等。这些国家尽管也出现零星抗议活动，但由于国内矛盾不甚尖锐，政府应对及时及出台各种安抚惠民措施，以及美国暗中支持等因素，国家政局目前大体仍维持稳定，但由于这些国家也存在种种弊端，而阿拉伯民众已普遍觉醒，反抗意识和勇气日趋增强，因此未来中东仍将“余震不断”，不排除某些国家政局加速恶化的可能。

从纵向看，中东动荡迄今已经历三个相互交叉但轮廓清晰可辨的发展阶段。

第一阶段是阿拉伯民众自发性群众抗争阶段。2010 年 12 月，突尼斯一个小贩的自焚迅速在突尼斯引发全国性抗议，并导致执政 23 年的本·阿里政权倒台。此后，这股阿拉伯抗议潮如星火燎原般迅速在整个阿拉伯世界扩散，几乎所有阿拉伯国家都被殃及。而这一阶段，促使民众起身抗议的主要原因是这些国家内部个个积弊丛生，已到了让民众无法忍受的程度。而这一时期的民众抗议也是一场典型的“无明确政治纲领、无政治领袖和主导反对派、无外力干涉”的“三无运动”。而突尼斯、埃及政权更替以及后来的也门政权垮台，均是这种群众自发性抗议的结果。

第二阶段是西方发动利比亚战争，使“中东波”进入西方干预阶段。2011 年 3 月 19 日，英法等北约国家骤然空袭利比亚，标志着中东政治抗争进入由内因主导转向外因主导的新阶段。表面看，这场战争得到联合国授权，但实际上既忽视了 1973 号决议关于发挥区域组织或区域安排作用的精神，也超越了联合国 1973 号决议只授权建立“禁飞区”的规定。北约自称是为“防止出现人道主义灾难”，但利比亚战前国内冲突伤亡不过数百人，且局势已基本平息，而西方的狂轰滥炸及战端扩大，导致利比亚3万多人死亡，5万多人受伤，大量基本设施被破坏。因此它本质上是场非正义战争。利比亚国内矛盾本来远没到需要改朝换代的程度，但西方武力干预强行改变该国原有政治进程，使利比亚由生活水平居非洲第一的稳定富足国家陷入一片混乱，利比亚未来很可能成为西方的附庸和挺进非洲的桥头堡。而这样一场西方打击阿拉伯国家的非正义战争，居然得到不少阿拉伯国家的积极赞同，乃至直接参与“围殴”卡扎菲政权，由此使“中东波”性质日趋变味和复杂化。

第三阶段是叙利亚政局和伊朗核危机成为西方干扰重点，地区形势更加复杂危险。2011年11月初利比亚战争结束前后，西方日趋将干预焦点转向与西方关系不睦的叙利亚和伊朗。一方面，西方加大对叙利亚经济制裁、外交孤立和支持反对派的力度，阿盟也配合西方制裁和孤立叙利亚，使巴沙尔政权面临前所未有的困难。另一方面，美国为首的西方大肆炒作伊朗暗杀沙特驻美大使事件和国际原子能机构“伊朗核武化”报道，并据此对伊朗实施更严厉制裁，对伊朗动武呼声也不断高涨。而叙利亚是阿拉伯世界“跳动的心脏”，伊朗是海湾地区举足轻重的大国，这些国家一旦出现变数乃至爆发战争，地区局势将更加危险复杂。

## 二、西亚北非政局动荡根源中的迷思与真相

西亚北非动荡发生后，不同学者对动荡根源的认识见仁见智。大体来说，有几种颇为流行的认识误区。

第一种观点是“专制独裁说”，认为中东只要推行民主化，就能确保长治久安。这种观点与当前中东国家普遍存在的终身执政、君主专制、家族世袭等时弊相合，但其无法解释下列事实：第一，埃及、利比亚等国家从建国后就实行“专制集权”，为何在纳赛尔时代（甚至穆巴拉克执政初期）政权稳固，现在才出现根基动摇乃至领导人垮台现象。第二，这次率先发生政权更替的突尼斯政治相对清明，据统计，其民主程度排世界第32位，廉洁程度超过意大利，而政体最落后的海湾君主国，则相对安然无恙。第三，如果说政体越先进，政局就越稳定；政体越落后，政局就越容易出现动荡，那么，共和制显然要比君主制更先进，按此逻辑，前者理应比后者更为稳定。但截至目前，中东政权倒台或出现严重危机的基本是共和制国家，而实行传统君主制、事先最不被看好的约旦及海湾君主国反而安然存活至今。如果说民主化可以带来政治稳定，这又无法解释伊拉克在“民主改造”前政局稳定，而实行民主化后反而政局动荡。所以，这种说法站不住脚。

第二种是“经济没搞好说”，只要经济问题搞好了，政治稳定自然不成问题。这种说法过于笼统简单，它不能解释下列现象：首先，单从经济指标看，已经垮台的突尼斯和埃及，其经济业绩在阿拉伯国家中并不算差：突尼斯经济竞争力非洲第一，世界第四十，幸福指数世界第29位，还荣获“抵御金融危机十佳国家”之一；埃及2008年被评为“全球最佳改革国家”之一，在178个国家中列第26位，在中东仅次于阿联酋和以色列。2006—2008年经济增长率达7%，即使在深受金融危机牵连的2009年和2010年，仍达到3%和5.8%。其次，它也无法解释类似利比亚和巴林这样的高收入、高福利国家，为何同样会发生骚乱。因此，简单地将中东动荡归结为经济没搞好，虽然不无道理，但显然未切中要害。

第三种是“网络煽动说”。在这次中东动荡中，网络起了推波助澜的作用。“维基解密”2010年12月披露的外交电文，将本·阿里称为控制国家的“黑手党”，这些电文内容一经网站散布，便引发国内民怨四起。而2010年12月17日发生的失业大学生自焚事件，也是经由网络传播，彻底点燃民众反抗情绪，最终导致本·阿里下台。因此突尼斯革命被称为“维基革命”。埃及穆巴拉克倒台过程中，社交网站（如脸谱、推特等）同样在散布消息、组织动员、内外联动方面发挥了重要作用。但网络只是一种承载和传播信息的工具，而且遍布世界每个角落，把中东剧变简单地归咎为新媒体革命，无异于本末倒置，颠倒事物的逻辑关系，掩盖对真相的探究。

事实上，当前中东动荡是内外矛盾共同作用，几大结构性矛盾长期郁积，最终导致量变引发质变。总体来看，这主要是由中东国家存在的三大结构性矛盾不断激化所导致的。

首先，政权阶级属性转向导致政权根基动摇。对一个国家来说，最关键的不在于采取何种政体，而是采取何种国体，即政权主要依托哪个或哪些阶级。政权阶级基础越厚实，政权本身就越稳定，反之亦然。二战结束以来，中东地区共发生三轮政治更替大潮：第一轮是20世纪50～60年代，军人政变推翻代表封建势力和少数权贵的君主制统治；第二轮是20世纪70—90年代的“伊斯兰复兴运动”。而当前中东动荡潮，与历史上两次大规模政局动荡的共性根源，就是政权阶级属性出了问题，从而导致其日趋众叛亲离。

20世纪五六十年代，在中东国家（如埃及、伊拉克、叙利亚、利比亚）执政的纳赛尔、卡塞姆、阿萨德、卡扎菲等领导人基本都出身贫苦，因此对中下层民众感情至深，其上台执政后也矢志维护这一阶层利益，如实行土地改革、扩大福利范围、进行全民教育等等，因而得到多数民众支持。这一时期，这些政权最稳固，国力也蒸蒸日上。但由于受生产方式限制，这些政治上最进步的国家，也不过是小资产阶级统治。而小资产阶级的一大特点，就是先天具有不确定性和易变性，它们从来都不是一个稳定的阶级，它不希望保持现状，而总是谋求跨入其他社会阶层，其意识形态也总在不断变化。[①]

理论上说，这类政权有两条路径选择：一种是继续“向下看”，拓宽政治参与和执政基础，向真正的“人民民主”方向发展；另一种是转而“向上看”，由服务中下层民众转为服务社会中上层，乃至演变成权贵政治。从实践看，中东多数政权选择了后一种。其在建立初期大都能励精图治，采取有利于中下层民众的政策。但到后期，这些政权阶级属性普遍发生转向，明显转向依靠少数精英和西方。

政权阶级基础转向，引发了一系列严峻问题，最明显的就是威权统治的优势逐渐成了劣势，国家公器日趋成为个人私授的财产和工具。中东国家大都实行威权统治，这种模式本来具有“集中力量办大事”的优势，可以达到民主政体难以企及的调配资源能力。但其本身也包含了“自我毁灭的种子”，如因

① Alam Richards and John Waterbury, *A Political Economy of the Middle East: State, Class, and Economic Development*, Westview Press, 1990, pp. 413-414.

权力缺乏监督而容易出现独裁、权钱交易问题等等。因此，一旦当权者脱离民众基础，政权服务对象由多数民众转向少数精英，这种政体的优势马上就变成了劣势——国家权力很快成为少数当权者谋取私利的工具。越来越多的当权者开始贪恋权位，终身执政乃至子承父业现象日趋普遍。同时，权力日渐被用于个人谋利。突尼斯本·阿里家族、利比亚卡扎菲家族、埃及穆巴拉克家族、也门萨利赫家族均积累了巨额财富。这些当权者周围也日渐形成一个特权阶层。奥尔森认为，这类特殊利益集团的主要目的，就在于重新分配国民收入，而不是去创造更多的总收入，因此它们的存在会导致全社会效率与总产出的下降。①

这样，社会财富本该“往下淌”变成了“往上流”，日趋集中到少数当权者手中，由此导致社会贫富分化（也就是阶级分化）不断加大。据统计，在阿拉伯世界，5％的人支配80％的财富。在埃及，20％的富人占有社会财富的55％，而60％的穷人的社会财富拥有量只有18％。② 普通民众“被剥夺感”十分强烈。另据统计，阿拉伯世界1/3的GDP被腐败吞噬。在“透明国际”的全球腐败国家排名中，埃及、黎巴嫩、也门、叙利亚、伊拉克等国的腐败程度在世界名列前茅。③“腐败已成为该地区日常生活的一部分。从裙带主义到直接受贿，国家高度介入经

① ［美］曼库尔·奥尔森著，吕应中等译：《国家兴衰探源：经济增长、滞胀与社会僵化》，商务印书馆，1999年版，第55页。

② “埃及社会贫富分化严重 两成富人拥有五成五社会财富”，http：//news.timedg.com/2011－01/27/content＿1136139.htm。

③ 安国章：“阿拉伯世界三分之一国民生产总值被腐败吞噬”，http：//intl.ce.cn/gjzx/africa/201007/07/t20100707＿21588027.shtml。

济生活，为公职人员腐败提供了充足的机会。它已经深深地融入到日常经济生活之中。”[①] 如埃及腐败渗透到社会生活的每个角落。[②] 只要与政府公职人员打交道，不管是申请驾照还是出租房屋，都要行贿。[③] 当政者日渐背叛最初的阶级属性，由矢志清除腐败和无效率问题的社会进步力量，变成腐败政治的维护者，成为阻碍社会进步的落后力量。

“水能载舟，亦能覆舟。”阿拉伯国家的贫困阶层不断扩大，其政权维系统治的难度也就越来越大。由此使当权者日趋众叛亲离：一方面，因主要服务于少数权贵，缺乏足够的“实质合法性”来赢得左翼和中下层民众支持；另一方面，又因为家族世袭或终身执政，缺乏足够的“程序合法性”赢取西式民主派认可。在这些当权者周围，除了少数特权集团和既得利益者外，剩下的几乎都是反对派：穷人憎恨富人豪华奢侈，平民憎恨权贵巧取豪夺，教士憎恨世俗化带来声色犬马，民主派憎恨专制统治。换句话说，权贵统治几乎总是自动为自己培养掘墓人和反对者。而在如今中东动荡中，就出现了“昔日革命者被再次革命”的怪现象。

其次，过度开放导致阿拉伯国家日趋陷入“全球化陷阱”。经济全球化将包括中东国家在内的许多第三世界国家纷纷卷入其中。经济全球化本质上是西方工业生产方式在全球范围资源

---

① Edited by Nora Bensahel and Daniel L. Byman，*The Future Security Environment in the Middle East：Conflict，Stability，and Political Change*，Rand Corporation，2004，p. 23.

② Robert Fisk：The rotten state of Egypt is too powerless and corrupt to act，*Independent*，1 January 2009.

③ Corruption in Egypt ，Thursday，April 6，2006.

优化配置，这种价值交换过程看似公平自愿，实则只会让生产高附加值产品工业国受益，而出卖初级产品和原材料的不发达国家则日益被固定在产业链下游。但很多阿拉伯国家没有意识到貌似公平的“全球化”背后暗含的不平等和残酷性，遵循西方设定的“比较优势分工”，靠出售原材料和初级产品为生。中东丰富的石油储量及由此带来的巨额“石油美元”，强化了这一不合理模式。埃及等国过去曾采取“进口替代”战略，试图发展本国民族工业，摆脱对西方依附，但萨达特时期开始推行“开放政策”，穆巴拉克时期又加大自由化改革，使本国民族工业在外部竞争下纷纷倒闭。据统计，阿拉伯世界 2007 年的工业化程度竟不如 1970 年时期，[①] 即使在石油领域也没有建立独立完善的石油工业体系。

缺乏强大的民族工业导致两大严重问题：一是国家财富缓慢流失。由于缺乏像样的工业投资项目，阿拉伯世界滚滚而来的石油美元，或流入发达国家，或用于购买奢侈品及投资房地产，未能给本国经济带来实质性好处。同时，民族工业瓦解使这些国家日渐失去了创造财富的能力。像埃及这种地区大国，只能靠出口初级产品、运河通行费、旅游业、侨汇乃至外援勉强度日。目前，阿拉伯国家需要的各种商品，从传统手工艺品到日用品，从食品到汽车电子，几乎都需要进口，由此使阿拉伯国家财富逐渐外流，像缓慢下沉的“泰坦尼克”号一样，日趋走上衰退道路。1980－2004 年间，阿拉伯世界实际人均 GDP

---

① Arab Human Development Report 2009：Challenges to Human Security in the Arab Countries，http：//www. arab-hdr. org/publications/other/ahdr/ahdr2009e. pdf.

增长 6.4%，平均每年不足 0.5%。[①] 2004 年中东国家的实际工资和生产力水平与 1970 年时相同。[②] 二是缺乏民族工业导致国家吸收就业人口能力不足，致使年轻人失业及“青年膨胀”等问题突出。阿拉伯国家人口出生率世界最高，60%的人口年龄在 25 岁以下。而本国工业不发达导致吸收就业人口能力不足，[③] 致使年轻人失业及“青年膨胀”（youth bulge）等问题突出。[④] 在埃及，占总人口 70%的年轻人面临高失业问题，甚至受过高等教育的人也很难找到工作。[⑤] 阿尔及利亚 3/4 的人在 30 岁以下，全国失业率高达 25%。阿拉伯新生代视野宽，束缚少，易被煽动，加上谋生无路，因此日益成为威胁政局稳定的“火药桶”。突尼斯“革命”就源于一名失业大学生自焚事件。埃及、也门等国的反政府抗议，也都是年轻人担当主力军。

第三，亲西方外交恶化了阿拉伯政权的生存环境。近些年，多数阿拉伯国家将加强与西方关系，尤其对美关系列为重中之重。几年前，一位埃及教授曾说过：“所有阿拉伯国家都热衷于同美国结盟，听到布什总统对他们说句赞扬的话

① Arab Human Development Report 2009：Challenges to Human Security in the Arab Countries，http：//www. arab-hdr. org/publications/other/ahdr/ahdr2009e. pdf.

② Edited by Nora Bensahel and Daniel L. Byman，*The Future Security Environment in the Middle East*：*Conflict*，*Stability*，*and Political Change*，Rand Corporation，2004，p. 61.

③ Peter Coy，The Youth Unemployment Bomb，*Businessweek*，February 2，2011.

④ Arab Human Development Report 2009：Challenges to Human Security in the Arab Countries，http：//www. arab-hdr. org/publications/other/ahdr/ahdr2009e. pdf.

⑤ J. Scott Carpenter and David Schenker，Will Egypt's 'Day of Rage' Become a Revolution? http：//www. washingtoninstitute. org/templateC05. php? CID=3295.

，立即受宠若惊，感激涕零。”约旦和海湾小国因国小力薄，从外部找靠山是没有办法。但埃及是阿拉伯世界最主要国家，选择亲西方外交争议颇大。在纳赛尔时期，埃及推行依托阿拉伯国家、反对以色列、亲苏反美政策，但从萨达特时期开始，埃及转而“亲美远苏”，1979年又与以色列单独媾和。穆巴拉克继任后基本沿袭了这种外交路线。这种“亲美和以”政策得不偿失。短期看，埃及从以色列手中收回西奈半岛；军费开支下降；充当阿拉伯世界与以色列外交桥梁；成为美国在中东仅次于以色列的第二大受援国。但长远看，这种做法害人害己。

一是使以色列对阿拉伯国家威胁日趋加大。若干年来，以色列作为西方植入阿拉伯世界的异己力量，无论在安全、政治、经济乃至心理上，均对阿拉伯国家造成持久的威胁。不解决以色列问题，阿拉伯世界便永无宁日，因此若干年来，以色列一直被阿拉伯国家群起围攻。而埃及率先与以媾和，使以色列由此摆脱后顾之忧，行为日趋肆无忌惮。2006年，以色列仅因真主党绑架几名以色列士兵，就大举入侵黎巴嫩；2008年底，以色列又借口哈马斯发射火箭弹，对加沙地带发动“铸铅行动”。阿拉伯国家主权尊严遭受侵害，但许多亲西方阿拉伯国家反击乏力，其表现甚至不如伊朗总统内贾德和土耳其总理埃尔多安。阿拉伯国家痛感国家丧失尊严和民族自豪感。对民众来说，“即便是往日的挫折也比如今的茫然若失更令民众感到自豪”。[①]而当

① Hussein Agha, Robert Malley, The Arab world was dead. In Egypt, it's reborn, *The Washington Post*, Feb. 13, 2011.

前民众起义“暴露出阿拉伯国家领导人对西方国家亦步亦趋、充当西方应声虫的策略是错误的”[①]。

二是阿拉伯世界整体生存环境恶化，成为西方大国政治牺牲品。在阿拉伯世界地缘版图破碎化情况下，加强内部团结，对外用一个声音说话（像欧盟那样实行“准联合”），是实现集体自强的唯一办法。20 世纪五六十年代，阿拉伯世界内部确曾进行过不少联合尝试，尽管未能成功，但“加强阿拉伯团结”成为各国基本共识，那个时期也因此成为阿拉伯民族现代史上最辉煌的时期。但埃及 20 世纪 70 年代后转向亲西方，尤其与以色列媾和，使阿拉伯世界内部陷入分裂，埃及依托阿拉伯世界生存的传统地缘格局也被彻底打破。这种分裂状况使阿拉伯世界日趋丧失昔日影响力和自我保护能力，而成为任人宰割的地缘政治牺牲品。冷战结束以来，西方在世界上发动的 5 场地区战争（海湾战争、科索沃战争、阿富汗战争、伊拉克战争和 2011 年的利比亚战争）中，有 4 场在伊斯兰世界，3 次直接针对阿拉伯国家。埃及的国内外生存环境也由此日趋恶化。而当前阿拉伯民众的抗议潮，就带有否定过去、探索民族复兴新路的性质。

当然，阿拉伯世界 22 个国家国情差异很大，导致动荡的具体根源也存在一定差异，但总体看，正是政治赤字、经济赤字和外交赤字三大赤字，使得阿拉伯当权者日趋坐到火山口上。在这种情况下，网络泄密、青年失业、政府处置不当等任何偶发性事件，都可能成为“压倒骆驼的最后一根稻草”。

---

① Hussein Agha, Robert Malley, The Arab world was dead. In Egypt, it's reborn, *The Washington Post*, Feb. 13, 2011.

## 三、两大外部变量的催化和助推作用不可忽视

在事物发展变化过程中，内因是主导，外因只有通过内因才能起作用。但无可否认，外因对事物发展变化具有重要的催化和推动作用。2011 年西亚北非动荡同样与外部因素作用有关。具体地说，主要有两大因素。

首先，全球金融危机的政治冲击。以往历史证明，全球性经济危机往往蕴育着巨大社会政治动荡乃至战争风险。1929—1933 年全球大萧条后，英国麦克唐纳政府解散，法国总理下台，美国胡佛政府被罗斯福新政取代。而在日本、德国、意大利法西斯则不约而同上台并走上战争道路。1997 年金融危机后，东南亚国家发生大规模政权更迭和社会冲突，如泰国、印尼、马来西亚、菲律宾均出现政局动荡或更替，越南、新加坡、老挝和柬埔寨等国执政党面临严峻挑战。而 1999 年的巴西金融危机导致弗朗哥政府垮台，俄罗斯和阿根廷也在金融危机中更换了政府。这种一波接一波的政权倒台现象，看似仅仅是国内经济出了问题，实则与西方国家转嫁危机不无关联。

由于美元具有世界货币地位，因此美国可以通过不断印刷纸质钞票，来换取其他国家实实在在生产出来的商品，必要时甚至可以向外转嫁经济危机。这种以邻为壑的转嫁危机能力，是美国霸权长盛不衰的重要根源之一。冷战后，美国由于搞垮了苏联，瓜分了苏联的巨额国家财富（并非信息技术经济作用），而保持了长达 10 年的经济繁荣。时至今日，美国“冷战红利”已消耗殆尽，阿富汗和伊拉克两场战争更是极大消耗美国国力，最终引发2007年次贷危机。美国为了度过金融危机，大肆印刷钞票。2010年11月3日，美联储宣布将在2011年6月前以每月750亿的速度收购6000亿美元的美国财政部发行的长期国债，并维持联邦基金利率在0.25％的极低水平。这种“量化宽松”政策不可避免地导致全球通货膨胀加剧，是对其他国家财富赤裸裸的掠夺行径。因而直接加大了其他国家爆发经济危机的可能性。而在这场“猜猜下一个是谁”的“丢手绢”游戏中，经济形势脆弱的突尼斯和埃及，成为这轮金融危机深化的最新受害者。

过去相当长时期，突尼斯、埃及等阿拉伯国家当政者为维系政权稳定，避免穷人造反，长期实行补贴政策，“以面包换稳定”、“以福利换支持”。但当前美国推行量化宽松政策，造成国际大宗物资价格大幅度波动，世界粮价上涨15％，由此使经济最为脆弱、食品依赖进口的阿拉伯非产油国率先受到冲击，政府维稳模式难以维系：如果继续补贴，经济上吃不消。以突尼斯为例。2010年初以来，粮食价格上涨导致突尼斯居民消费品价格大幅增长，当地市场面粉、蔬菜等价格上涨幅度一度高达60％，但取消补贴，又将直接影响民众生计。埃及、苏丹、阿尔及利亚、约旦等国均曾因取消补贴引发骚乱。金融危机冲击，使阿拉伯统治者现行统治模式已不可能再维系下去。

其次，美国战略收缩导致中东政治生态失衡。在国际关系史中，国际体系的深度变革，尤其是传统霸权国走向衰落，总会导致世界政治经济的大动荡和大重组，尤其原霸权国的传统势力范围，最容易出现政局动荡。这方面不乏先例。当年奥斯曼帝国走向衰落，最先从其欧洲领土丧失开始；晚清中国渐趋衰落，也是从丢失朝鲜、越南等藩属国开始。苏联走向衰落的征兆和结果，就是东欧卫星国纷纷剧变，从社会主义阵营倒向资本主义阵营，并出现了波及世界的第三波民主化浪潮。当时中东政权也面临巨大外部冲击，但由于中东主要是美国影响力范围，而美国又是冷战最大胜利者，其霸权力量正急速上升，因此有能力为中东国家提供足够庇护和援助，使之逃过政权更替的命运。近些年，美国自恃力量超强，在国际上四面出击，导致国力消耗加快，尤其是“9·11”事件后，美国在中东武力反恐，先后在阿富汗和伊拉克发动两场战争，最终陷入战争泥潭。据美国经济学家斯蒂格利茨等计算，仅伊拉克战争就消耗了美国3万亿美元。阿富汗和伊拉克成为消耗美国国力的巨大黑洞。奥巴马上台后，在中东推行“新尼克松主义”，战略收缩态势明显，从伊拉克和阿富汗撤军提上议程，在中东的战略投入和地区影响力均在下降。这种战略态势的巨大变化，使中东亲美和反美势力此消彼长，潜在矛盾日趋凸显、迸发。在这轮阿拉伯乱局中，越是亲美，政权动荡越严重。

而面对地区亲美势力不断受到冲击的局面，美国基本无可奈何，既无意愿也无能力及时“补位”，而更多是亦步亦趋，跟在形势后面被动应付。希拉里感叹：“当我们努力对（埃及）局势发展提供一些帮助和建议时，却发现我们只是一个站在门外看热闹的局外人。”当前，美国对阿拉伯政局动荡心态矛盾：一方面希望中东加快民主改革，借此转移和化解统治压力，稳固亲美政权根基，另一方面又担心中东变革“走火入魔”，导致反美反西方势力上台，因此不断在“进行变革与维持稳定”之间徘徊。为尽可能减少损失，“避免与失败者站在一起”，美国采取“因国而异”的实用主义政策：一是力保沙特等海湾产油国，默许沙特、阿联酋联手出兵巴林，镇压当地抗议民众。二是鼓励埃及、突尼斯等北非国家民众抗议和政治转型，但力求使其政治进程保持在美国可接受的范围内。2011 年初，奥巴马在国情咨文中就明确表态支持突尼斯自由、民主诉求，暗压其他阿拉伯国家改革。埃及骚乱后，美国曾鼓动埃及军队废黜穆巴拉克，使其像当年伊朗巴列维国王一样，最终被赶下台。三是对利比亚、叙利亚等反美国家煽风点火，公开鼓励抗议者，参与空袭利比亚，制裁叙利亚。美国这种“多重标准”的做法，无疑使地区局势更加错综复杂。

## 四、前景预测

1. 阿拉伯国家深度变革不可避免，军队作用将更加明显。阿拉伯现行统治模式易造成政治独裁、经济衰退、贪腐严重、贫富分化加剧等问题，已到非改不可的程度。这次中东乱局持续发酵，尤其是突尼斯和埃及等变革成功，彻底打破了阿拉伯民众对威权的迷信和敬畏，不满现实力量被充分动员。长远看，要么“自上而下”改革，要么“自下而上”发生革命，中东现行统治模式变革已不可避免。由于当前阿拉伯国家贫富分化严重，这些国家政治转型主要有两条路：一种是走民粹路线，用有限财富重点补贴穷人，以赢取多数民众政治支持，但这种政策容易导致损害、剥夺少数富人权益，并走上反西方的道路，因此极易引发富人阶层反抗，美国也会竭力阻止；另一种是金钱主宰政治，使民主化成为更好地服务富人阶级的寡头统治，但这种“换汤不换药”的政治变革，很难被已经实现动员起来的中下层民众接受，导致社会重新出现动荡。

不管阿拉伯国家采取何种政治模式，军队都将在国家政治生活中占据更重要位置。在中东等第三世界国家，军队差不多是组织化程度最高、阶级属性最为模糊的集团，因此很适合担当政治争端的调整者，乃至幕后操纵者的角色。埃及自 1952 年建立后，历任领导人（纳赛尔、萨达特、穆巴拉克）均是军人出身。穆巴拉克离职前任命的新政府总理沙菲克、副总统苏莱曼、以及目前掌握实权的国防部长坦塔维、参谋长安南都是军方精英。未来，不管这些国家是否实行民主选举和领导人定期轮换，由于政坛不稳定因素增多，动荡冲突不可避免，因此无论主观还是客观环境，都需要军队幕后操纵，甚至直接走上前台。中东国家很可能出现类似巴基斯坦的政治局面。

2. 中东伊斯兰激进势力更趋活跃。在历史上，中东每逢内忧外患或重大变革，伊斯兰复兴运动总会借机兴起。当前，阿拉伯国家集权多年，国内不存在现代意义上的政治反对派，唯有各种伊斯兰组织凭借“伊斯兰教”神圣外衣，成为最主要反对派。这些伊斯兰势力意识形态明晰，组织化程度高，且已建立起较完备的社会救助和福利体系，在中下层中人气颇高。此前，哈马斯、真主党已通过选举上台执政。这次中东陷入危机后，当权者对伊斯兰管控能力骤减，加之病急乱投医，对伊斯兰势力大力安抚，使其活动空间骤然变大。突尼斯伊斯兰政党已合法化，埃及释放关押多年的“圣战”组织领导及其追随者。“基地”等极端伊斯兰势力也借机加大活动。

目前，随着一些中东国家进入政治转型和民主选举阶段。

蛰伏多年的政治伊斯兰势力借势成为最大受益者。在突尼斯，“复兴运动党”在2011年10月23日进行的制宪会议选举中获得议会217席中的89个席位，成为制宪会议中的第一大党；在埃及第一阶段选举中，以穆斯林兄弟会的“自由和正义党”与萨拉菲派的“光明党”为主的伊斯兰政党得票数超过60%，而世俗的埃及联盟和老牌华夫脱党仅获得20%的选票；摩洛哥众议院于2011年11月25日提前举行大选，温和的伊斯兰政党“正义与发展党”获得395席位中的107席，大大领先于其他各政党；而利比亚过渡政府在2011年11月24日成立时，其领导人也表示今后要以伊斯兰教作为立法基础。中东政坛“伊斯兰化”倾向再度加强，对地区乃至全球政局将会产生复杂影响。

3. 地缘格局重新洗牌，未来爆发地区战争的可能性增大。中东格局中，过去一直是阿拉伯世界、伊朗、土耳其、以色列四雄并立，彼此制衡，形成力量均势。但这次中东动荡后，中东地缘格局出现“两升两降”：

一方面，伊朗和土耳其影响力凸显，尤其是伊朗地区崛起势头明显。当年美国发动的阿富汗和伊拉克战争，已经“帮助”伊朗清除了东西两大夙敌，使伊朗地缘环境得到前所未有的改善。而这次阿拉伯亲美国家自乱阵脚，使中东亲美温和力量严重受挫，中东激进力量则此消彼长，由此为伊朗迎来“第二次战略机遇期”，尤其是穆巴拉克下台，使中东反伊阵营土崩瓦解。伊朗借机积极填补权力空白，引导地区局势朝“伊斯兰化”和“什叶化”方向发展，而海湾显然成为伊朗的地缘扩张重点。另一方面，阿拉伯国家元气大伤，其政体“外强中干”弊端暴露无疑，政治转型短期难以找到合适道路，经济恢复元气需要时日，因此相当长时期内难以在地区发挥主导作用。同时，以色列成为这场地区危机的“最大失意者”。近些年，以色列因对外行为肆无忌惮，地缘环境已出现恶化迹象：因加沙救援船事件，土耳其与以色列闹翻，它不仅禁止以色列空军进入其领空训练，土耳其官方文件还首次将以色列列为“主要威胁”，以色列西部安全屏障不复存在。而这次埃及穆巴拉克倒台，更使其失去在阿拉伯世界为数不多的友邻。而埃及国内出现的修改埃以和平协议、交好伊朗、斡旋巴勒斯坦两派等势头，使以色列安全环境恶化噩梦成真。

以色列和伊朗均是中东政治中的“不稳定因素”。以色列历来追求绝对安全，因此当前中东格局剧变，使地区爆发新战争的可能性增大：一是巴以冲突。哈马斯绝地逢生，与剧变后的埃及从敌手变为合作伙伴，巴勒斯坦激进反以势力士气大增，与以色列发生直接冲突的可能性增大。二是以色列与黎巴嫩真主党爆发冲突。以色列历史上曾两次入侵黎巴嫩，重点打击真主党。目前真主党已在黎巴嫩上台掌权，军事实力也基本恢复，而以色列欲突破伊朗及地区激进势力围困态势，必须削弱真主党势力。早在中东动荡前，就有分析认为，以色列可能再次打击真主党。三是以色列与伊朗因核问题爆发军事冲突。中东剧变后，伊朗因地缘环境改善，借核问题谋求地区大国地位信心大增，尤其是西方空袭已经放弃大规模杀伤性武器的利比亚，更使伊朗不敢放弃核计划。而以色列一直将伊核视为致命威胁，如伊朗借机寻求核突破，很可能引发以色列（包括美国）冒险进行军事打击。

4. 西方加大地区干预力度使“中东波”日趋变味，保守势力占据上风。这次中东动荡本来是一场内生性动荡，其起因主要是内因主导，民众抗议重点也主要针对国内当权者。但由于发生动荡的国家多数是亲西方国家，因此中东动荡使西方在中东维系多年的既得利益受到很大冲击。美国一直将中东视为战略要地，并将亲美政权视为中东战略格局主要基石，但当前美国在中东的主要战略伙伴纷纷“出事”，美国地区影响力骤减，美国在中东的战略盟友以色列失去强援，美国失去遏制、削弱伊朗的重要王牌。阿拉伯政局动荡凸显美现行中东战略已基本失灵。

为最大限度地维护自身利益，化不利因素为有利因素，西方加大干预和重塑中东秩序力度：对沙特等海湾国家现政权竭力保护，鼓励、纵容政府镇压民众抗议；对埃及、突尼斯、也门等发生严重动荡，局势难以收拾的国家，则因势利导，力图使未来走向纳入西方轨道；而对利比亚、叙利亚、伊朗等反西方或与西方关系不睦的国家，则推波助澜甚至直接进行军事打击。尤其是 2011 年 3 月 19 日北约发动的利比亚战争，标志着西方开始武力干预地区国家内部事务、强行塑造地区格局。西方出于利己目的进行的外部干涉，使这场“中东波”性质日趋变味，自强自立的进步势力遇到挫折，地区保守势力开始占据上风。阿拉伯民俗当初的憧憬和乐观情绪，日趋被一种怀疑、悲观和愤怒情绪所取代，“阿拉伯之春”正在变为“阿拉伯之秋”乃至“阿拉伯之冬”。

# 普京定位俄罗斯

盛世良

俄罗斯经历了11年的政治稳定期，今后最有可能的是在缓慢发展的基础上实现威权主义现代化。俄罗斯经济形势不容乐观，政治上面临挑战，梅普组合似已完成使命。俄为自成一极，将会立足于区域经济一体化，致力于建设“欧亚联盟”，并继续实行全方位外交，在重点发展与欧盟关系的基础上适度重视亚洲，特别是继续加强与中国的关系。

2011年是俄罗斯命运攸关的一年，是为国家的未来定位定向的一年。普京决定回归克里姆林宫，框定了俄罗斯今后6—12年的发展方向——在政治稳定的基础上实现经济现代化。普京明确了俄罗斯在全球格局中的定位——通过欧亚联盟使前苏联地区一体化，成为世界上独立的力量中心。

## 一、定向：威权主义现代化

2011年11月6—12日举行的第八届瓦尔代辩论俱乐部（俄罗斯2004年成立的世界“俄国通”非政府组织，普京每年都宴请俱乐部成员并即席答问）年会，讨论了俄罗斯未来发展方向，共列出六种可能：

新停滞——发展速度减慢，直到停滞，社会形势紧张，矛盾上升，政权失去合法性；

民主革命——政局不稳，成立救亡政府，更换精英层，重新瓜分财富；

自由民主改革——经济、政治和社会现代化；

强硬的威权制度——迫害异己，收缩改革，严控舆论，制造“敌人”形象，诉诸民族主义；

“积极惯性”——摆脱停滞，缓慢发展；

威权主义现代化——反腐败，政权自我清理，精英年轻化，压制反对派，鼓励爱国主义和保守文化。

总的说来，俄罗斯最有可能、而且某种程度上已经在实行的，就是第五、第六种可能——在缓慢发展的基础上实现威权主义现代化。

### （一）普京模式尚有潜力

俄罗斯多数政治学家认为，普京将维持近十年来由他亲自主持形成的社会政治体制。

参加瓦尔代俱乐部年会的西方学者认为，现有模式潜力耗尽，俄罗斯将处于停滞。普京不同意：“别忙着给我张罗葬礼。”他说，正是在他倡导的模式下，俄罗斯内战终止，经济发展，生活提高，社会秩序恢复。近十年经济增长 1.4 倍，退休金增长 2.3 倍，贫困线以下人口成倍减少。“现有模式潜力未尽，我们不会停滞不前。”

### （二）稳定重于改革

早在2010年9月，普京在回答笔者提问时，就以中国为例，不点名地批评了梅德韦杰夫的“政治民主化”主张。他说：“我十分尊敬中国领导人。他们把共产主义意识形态与市场经济相结合，人民参与国家管理，社会稳定，生活水平大幅提高，经济发展达到了神奇的速度！还有什么比这更好？俄谚说得好，身在福中要知福！”

2011年，普京在多个场合告诫，政治改革要慎之又慎，既不能搞“极权主义”，更不能“乌克兰化”，俄罗斯“需要稳定发展十年”。

### （三）政治体制要调整

俄罗斯经历了11年政治稳定期，已经形成特殊利益集团。这个集团熟练地操纵本国的政治机器、法律法规、公共政策、经济发展和资源配置，使之符合自己的利益。这会导致国家发展动力消退，权力机构僵化，社会矛盾加剧，最终损害国家和这个集团自身的利益。

俄罗斯人对政治腐败、物价高涨、贫富悬殊等弊病越来越愤怒，厌倦统俄党一党独大的局面，质疑现有政治体制和普京模式。

主张社会公正的俄罗斯共产党和公正俄罗斯党等左翼政党在此次议会选举中取得佳绩，在新议会中的地位将得到加强。统俄党得票率大幅下降，是民众给普京发出的信号：“你不那么受欢迎了！社会已发生巨变，你不改变我们就另选他人！”反对派甚至喊出“俄罗斯不需要普京”的口号。

普京和统俄党今后不得不顺应民意、调整政策、重振信心。

普京虽然反对政治自由化，但不会中断梅德韦杰夫开始的扩大公众政治参与权、降低政党进入议会的门槛、放松政治集中化、反腐败等举措。

政治上将适当放权。联邦部分权力下放到联邦主体，联邦主体部分权力下放到地方自治机构，重新确定预算分成。

### （四）梅普组合似已完成使命

普京明确表示，梅德韦杰夫能否被任命为总理，将取决于统俄党在 2011 年 12 月议会选举中的表现。然而，梅领导统俄党在国家杜马的选举中的表现并不出色，得票率低于 50%，议席由上届的 315 席减为 238 席，降幅达 1/4。

梅即使顺利地被任命为总理，也不可能像普京当总理时那样跟总统平起平坐，而只可能是执行总统旨意的技术型总理。这将终结高层政治歧见，政治经济决策权将归并到克里姆林宫。现在看来，小梅能否成功应对社会经济难题、当满 12 年总理很成问题，至于 2024 年年近花甲的老梅接替普京再当两届总统，可能性微乎其微。

### （五）经济形势不容乐观

普京的威望，很大程度上来自 1999－2008 年期间 GDP 激增、人民生活水平大幅度提高。但 1999－2003 年的经济增长，靠的是充分利用苏联后期经济衰退时闲置的生产力；2004－2008 年经济增长的动因是迅速增长的出口收入和外资。这两个时期财政资源的丰沛和企业贷款的便利，掩盖了经济结构落后、经营条件不良、引资环境恶劣、高消费低积累等痼疾。正因为如此，俄罗斯在世界经济危机中受到的冲击大于二十国集团中的任何一国。即使在2010－2011年经济恢复期，俄罗斯GDP年增长率也仅约4%。这说明，曾于2000年代发挥首要作用的经济增长潜力已经耗尽。

2012年迎接普京的很可能是世界经济危机的第二浪和本国经济的疲软。能源和金属行情看跌、外贸盈余减少、卢布贬值等威胁，现在已有苗头。如不尽快改革机制，转变结构，俄罗斯不仅无法赶超发达国家，而且难以维持现有社会福利。

### （六）经济现代化迫在眉睫

普京将继续搞现代化。2011年11月11日，他在会见外国学者时强调："我们提出了'2020战略'与现代化计划，梅德韦杰夫领导的政府将推行积极改革。"他希望在中长期内实现经济多样化和创新化，摆脱对油气的依赖。今天俄罗斯2/5的预算收入靠油气，今后财政收入应2/3靠加工工业。

普京对现代化持务实态度，重视"重新工业化"，增强本国制造业的竞争力。普京希望在对内不搞民主化、对外不亲西方的前提下吸引西方的资金和技术，因此将努力改善投资环境，减少资金外流，吸引外资。然而，俄罗斯盼望的俄欧"现代化联盟"进展甚微，西方不愿帮助俄罗斯实现现代化。

### （七）社会福利制度非改不可

普京多次推迟"不受欢迎的"社会改革，今后将继续偏重社会福利，提高财政供养部门职工的工资，降低住房抵押贷款利率，实行更公平的税收政策。2011 年 9 月 24 日，他在统俄党代表大会上许诺，到 2014 年底，平均月薪要提高一半，达到 3 万～3.2 万卢布（约合 1000 美元）。2012－2014 年财政预算案表明，强力部门人员的工资将增长 1.5－2 倍，军人退休金提高 60％。

普京当选总统后可能不得不启动提高退休年龄、提高公用事业收费、收紧福利开支等措施，腾出资金，增加开发投资和国防费用。

## 二、定位：自成世界一极

2011 年 10 月 4 日，普京发表《欧亚地区新一体化计划——未来诞生于今日》一文，倡议由前苏联共和国组成“欧亚联盟”，西接欧盟，东连亚太，成为世界上一个独立的力量中心，跟美国、欧盟和亚洲三大中心平起平坐。

### （一）立足于区域经济一体化

普京强调，2011 年开始运转的俄罗斯、白俄罗斯和哈萨克斯坦海关同盟已显优势，在这基础上形成的三国统一经济空间，将于 2012 年启动，协调成员国的经济和货币政策。他希望统一经济空间变成一体化程度更高的欧亚联盟，成为类似欧盟的超国家实体。周边国家，首先是独联体国家，今后都可申请加入欧亚联盟。

以区域经济一体化应对全球经济危机，是不少地区经济组

织的共同做法。俄罗斯及其领导的独联体面临三种选择。

一是维持现状，满足于向其他经济体提供能源和原材料、土地等自然资源，结果将处于世界产业链最低端。

二是投靠其他经济中心，例如欧盟，但是，欧盟容不下雄心勃勃的俄罗斯，再说自身重病缠身，问题成堆，无力扩容。

剩下的就是第三种选择：以我为主，自成体系。

### （二）着眼于地缘政治格局

俄罗斯人痛惜超级大国苏联解体，“重建联盟”是割舍不下的心结。不少政治家和学者规划过“路线图”——先是俄白联盟，接着是欧亚经济共同体，随后是独联体，最后是全联盟。2007 年《论据与事实》周报第 25 期，刊登了俄罗斯地缘政治鉴定中心画的 2013 年前“欧亚联盟”路线图：第一步列入俄罗斯、白俄罗斯、亚美尼亚、哈萨克斯坦、乌兹别克斯坦、吉尔吉斯斯坦和塔吉克斯坦七国，以及南奥塞梯和阿布哈兹，第二步加上阿塞拜疆、土库曼斯坦、东乌克兰和克里米亚，第三步再加上蒙古、北阿富汗和塞尔维亚。该中心主任亚历山大·杜金说，创建欧亚联盟将成为普京任总统后的主要政策之一，“从地缘政治角度看，此举旨在重建苏联”。

欧亚联盟构想一发布，西方就惊呼，普京要恢复苏联！白俄罗斯和哈萨克斯坦领导人担心加入欧亚联盟影响本国主权。

为消除外界疑虑，普京迅速调整了欧亚联盟的近期重点。2011 年 11 月 11 日他在与外国学者对话时，强调“欧亚联盟的一体化毫无政治成分，纯属经济联合”。

## （三）服务于短期目标

欧亚联盟是难以企及的远景目标，但可以成为普京竞选纲领的最大亮点。从近期意图看，普京提出欧亚联盟，着眼于俄罗斯的大选，目的是吸引对苏联充满怀旧情结的选民，特别是俄共和自民党的传统选民群。然而，从2011年12月4日国家杜马的选举结果看，普京支持的统一俄罗斯党得票率明显下降，表明欧亚联盟的宣传效果有限。

## （四）欧亚联盟难以速成

欧亚联盟难以在近期化为现实。

一是前苏联共和国好不容易赢得独立，不愿向超国家机构让渡政治和经济主权。前苏联地区的一体化努力基本上无果而终。俄白从20世纪90年代开始搭建的联盟国家，成为典型的“尾巴工程”和“胡子工程”。

二是后苏联共和国为一体化索取高价。白俄罗斯迫于经济危机，以本国天然气运输系统和大型国有企业的股权，换取俄罗斯百亿美元财政援助和低价天然气。

三是可能入盟的仅是吉尔吉斯斯坦和塔吉克斯坦这样的贫穷小国，它们给俄罗斯造成的负担会大于收益。

四是不符合俄罗斯人“要大国，不要异族”的心态——既想最大限度地恢复版图，又不愿改变主体民族占国民绝大多数的现状。一旦统一经济空间形成，来自中亚的劳工将与俄罗斯工人享有平等权利，民族主义情绪强烈的俄罗斯人会坚决反对。

五是俄罗斯模式对前苏联国家吸引力有限。对独联体西部国家，欧盟更有吸引力。对中亚国家来说，中国经济吸引力大于俄罗斯。

六是“恢复帝国”的行动必然遭到西方抵制和干扰。

## 三、外交：稳定西方，防范南方，面向东方

俄罗斯2011年在外交上有进展：拖了18年的“入世”问题终于解决，海关联盟顺利启动，不再被西方视为首要对手，国际处境好转。俄罗斯著名政治学家卡拉加诺夫一言以蔽之：“俄罗斯要走运了！”

对俄罗斯外交决策有一定影响的外交和国防政策理事会，近来在分析报告中提出了“稳定西方，防范南方，面向东方”的政策建议。

### （一）同西方既斗争又合作

首先，俄美在战略利益上有冲突，尤其是反导问题。普京说：“美国毫不顾及我们的利益！部署在欧洲的反导系统威胁俄罗斯核潜力，我们不得不作出反应。”俄罗斯坚持双方签署能约束美国和北约的条约，保证反导系统不威胁俄罗斯战略导弹，美国只同意签订无约束力的协议。

其次，俄罗斯反对西方干涉本国内政。美国在梅普问题上挑拨离间，抑普扬梅；在议会选举后煽动反对派动乱。

俄美“重启”除了签署第三个核条约外，并无实质性成果。西方对俄罗斯提出的欧洲安全条约未予置理。

然而，俄罗斯并不放弃与西方的合作。普京早就说过，德

国是俄罗斯的头号朋友。他在瓦尔代年会上答复西方学者问题时说："我是改善俄美关系的发起人。俄罗斯在我们所关注的所有领域都可与美合作，例如，战略安全和核扩散、极端情绪和恐怖主义传播、国际冲突和文明冲突。俄美应该依靠共同程度很大的价值观，阻遏极端主义。俄美欧最好是在技术方面共同合作，以求全面领先，形成崭新的伙伴关系。"

### （二）防范动荡的南方

俄罗斯忧虑动荡的南方，把阿富汗看做来自南方的主要威胁，担心美国撤军后阿富汗被塔利班或伊斯兰极端势力控制。这将使动荡向中亚国家扩散，对俄罗斯形成军事威胁和恐怖主义威胁。俄罗斯希望吸收美国和印度等伙伴，共同维持大中亚地区的稳定。

俄罗斯十分警惕"阿拉伯之春"对本国穆斯林地区的传导效应。

### （三）中俄关系最成熟、最值得珍惜

普京在答中国学者问时说："我们与中国好不容易建立起比苏联时期更好的关系，现在的关系最为成熟，最值得珍惜。俄中经济合作发展很快。田湾核电站要建二期工程。俄罗斯将在中国建快中子堆。这是下一代核电技术，世界上仅俄法日有此技术，中国将成为第四家。俄中和哈萨克斯坦核燃料和航天合作进展顺利。俄罗斯与白俄罗斯在农机和重卡领域的合作，希望中国参加。欧洲威胁要减少俄罗斯天然气份额，我们看重亚洲市场。天然气价格问题俄中早晚会谈妥。"

笔者问普京："欧亚联盟与上合组织能否在某些领域互动?"

他答："上合组织首先是为解决边界问题而建立的，当然上合组织也可解决经济等问题。欧亚联盟是比海关联盟更深层次的一体化组织，但这主要是前苏联空间的一体化机制。"

普京的意思很明显：不希望中国通过上合组织插手欧亚联盟，也不希望上合组织搞一体化。这说明，俄罗斯对中国依然有戒心，包括担心中国在中亚蚕食俄罗斯利益。

2011 年中俄关系取得了多项重要成果。

首先，中俄在主权、安全和发展等核心利益上坚定地相互支持，形成"政治互动但不结盟的朋友关系"。

其次，中俄高层交往机制化、政治互信深化，这在我对外关系中绝无仅有。

其三，推动政权平稳过渡，为今后关系奠定坚实基础。中国妥善处理梅普关系，客观、中立、不介入、不评论、不炒作，效果好。

其四，确定了今后十年发展方向和目标。决心加强振兴东北老工业基地和开发西伯利亚的合作，发展人文合作。贸易额 2011 年破 700 亿美元，可能接近 800 亿美元，定下了 2015 年达 1000 亿、2020 年达到 2000 亿美元的目标。

其五，务实合作上升，民生项目合作启动，能源合作、航天合作发展。中俄油气管道有利于我持续稳定发展。共同研制大型远程宽体客机，是普京力推、中俄高层决策的结果，显示我对普京的充分支持，是打破对西方技术依赖的重大决策。

最后，国际事务上相互策应，维护共同利益，牵制单边主义。俄罗斯反对南海问题国际化，在东盟会议上配合中国。中俄在利比亚、伊朗和叙利亚等问题上密切磋商，协调立场。

### （四）经济上比以往更面向亚洲

俄罗斯并没有改变“在亚洲有大片领土的欧洲国家”的自我定位，重点依然是发展与欧盟的关系。在当前社会政治体制下，俄罗斯不可能在外交取向上发生急转弯，会继续实行全方位外交，但将适度重视实力迅速上升的亚洲。

这也是开发远东和西伯利亚的需要。俄罗斯逐渐形成“只有通过开发才能保住远东和西伯利亚”的共识。对提振俄罗斯经济和民族精神而言，开发远东和西伯利亚这种大项目，其意义不亚于欧亚联盟。

俄罗斯最高领导有意借主办亚太经合组织峰会之机，促使远东经济与国际接轨，吸引亚洲大国资金和中印劳动力投入俄罗斯东部开发。

普京 2000 年说过：“给我 20 年，还你一个奇迹般的俄罗斯!”如果他完成四届总统任期，正好 20 年。2012 年 3 月俄罗斯总统大选将回答的问题是，俄罗斯人是否愿意给他 20 年；至于普京能否还他们一个“奇迹般的俄罗斯”，这一问题的答案不仅取决于普京和俄罗斯，还取决于外部客观环境。

# 日本政局与中日关系

王新生

2011年，面对民主党内部纷争和与在野党之间的复杂矛盾，以及突如其来的重大自然灾害，菅直人政权苦苦挣扎。虽延缓了菅政权的生命，但最终黯然下台。而新政权上台之初即在政治上、经济上均遭挫折，特别是在灾后重建、经济发展方面困难重重。

2011年的中日关系仍未稳定，围绕钓鱼岛纷争，日反华情绪对中日关系产生负面作用。日本强化美日同盟、积极介入南海问题等对中日关系的发展形成制约。

2011年是日本政局再次出现动荡的一年，尽管因“3·11大地震”延缓了民主党菅直人政权的寿命，但最终仍为野田佳彦政权所取代。与此同时，围绕钓鱼岛问题引起的冲突，日本强化了在领土、领海乃至安全问题上对中国的攻势，中日关系亚处在较为微妙的时期。

## 一、苦于挣扎的菅直人政权

早在2010年12月，日本民众不满菅直人政权难以解决小泽一郎的政治资金问题，而且在施政方面也受到小泽的牵制，特别是没有提出有效的经济政策，也没有积极解决财政危机和社会保障问题，内阁支持率跌至21%。菅直人首相在2010年的最后一项工作是决定撤换内阁官房长官仙谷由人，主要原因是内阁官房长官仙谷由人和国土交通大臣马渊澄夫遭在野党追究钓鱼岛水域中日舰船相撞录像流出事件，并在参议院通过了对仙谷由人和马渊澄夫的问责案。多数在野党声称如果两个人留在内阁，将拒绝审议2011年度预算。为避免影响政府新一年施政并保住预算案，菅直人首相决定弃车保帅。

菅直人首相2011年1月4日上午召开新年记者会，明确表示在任期间不会解散众议院，强调本年要与政治资金问题作了断，并显示出推动讨论提高消费税的决心。菅直人首相当月14日改组内阁，民主党代理干事长枝野幸男接替仙谷由人出任内阁官房长官，在野党日本奋起党共同党首之一、前财务大臣与谢野馨出任经济财政担当相，主持税制改革，使内阁支持率出现了小幅回升，但支持率依然低于不支持率。受访者认为赞成菅直人首相提出的实行社会保障体制改革以及包括提高消费税在内的税制改革是菅直人内阁支持率出现回升的主要原因。

2011年1月24日下午菅直人首相在新一届国会上发表自2010年6月上任以来的首次施政演说。菅直人提出了三大执政理念：进一步对外开放，实现继明治维新和二战后改革的第三次“平成开国”；合理地改善社会保障制度等问题，实现“社会不幸福感最低”；改变政坛的混乱局面。菅直人在演说中指出政府面临的两大重要课题：一是消费税与社会保障制度的一体化改革；二是磋商加入泛太平洋战略经济伙伴关系协定（TPP）。

为打破国会参众两院被在野党和执政党各统一方的“扭曲国会”僵局，菅直人明确打出新战略，努力寻找与在野党合作的途径，呼吁朝野跨党派磋商合作，确保国会正常运转以及2011年度预算的审议通过。

2011年2月10日，菅直人在首相官邸与因政治资金丑闻遭强制起诉的小泽一郎举行会谈，促其自动退党遭回绝，各在野党就此事指责菅直人缺乏领导能力。菅直人请小泽退党遭拒一事，使菅直人内阁形象受损，支持率下降，另外不断升级的日俄岛屿争端也使菅直人政府的民意遭受挫折。共同社于当月11日和12日两天进行电话民意调查结果显示，内阁支持率跌至19.9%，比1月15日公布的民调支持率低12.3个百分点，52.8%的受访者认为小泽一郎应当辞去议员。民主党2月14日下午举行最高干部会议，就小泽一郎的处分问题进行讨论，并作出停止其党员资格的决定。结果导致40余名议员上书反对，与小泽一郎关系密切的16名众院议员向干事长冈田克也提交了脱离“民主党·无所属俱乐部”会派的申请书。2月21日，日本富士新闻集团发表的最新舆论调查显示，菅直人内阁的支持率已经跌至16%，是2010年6月以来的最低支持率。2月23日，农林水产省政务官松本谦公因不满对小泽一郎暂停党员资格的处分，向菅直人提交辞呈。

3月1日，2011年度预算案在众议院全体会议上通过。针对执政的民主党16名亲小泽派议员缺席预算案表决，首相菅直人在国会内面对记者团时表示“很遗憾”，但并未提及是否对以上16名议员作出处分。尽管根据日本宪法规定，预算案在众议院通过并送交参议院审议30天后，不管参议院表决通过与否，预算案都将自然成立，但内阁向国会提交了 26 个相关预算法案，这些法案仍需在国会获得通过，否则新财年预算就不能付诸执行。自民党和公明党等在野党已经表示反对其中的大多数法案。在此背景下，大多数受访者认为菅直人缺乏领导能力，甚至不少受访者主张解散众议院、举行大选或者菅直人下台。

民主党领导层 2011 年 3 月 1 日作出决定，对缺席新年度预算案众院表决的 16 名本党议员给予处分，为首者被停止党员资格 6 个月，其余 15 人给予“严重注意”处分。3 月 6 日，外务大臣前原诚司因接受违法政治资金向菅直人辞职。财务大臣野田佳彦和行政革新大臣莲舫也因接受一家逃税企业的政治献金而身陷丑闻中，众议员佐藤夕子退党，众议员平野贞夫宣布率领 16 位民主党参议员脱党，并威胁投票反对 2011 年预算案关联法案的通过，民主党党内分裂趋势日益严重。11 日媒体又爆料，菅直人的政治资金管理团体“草志会”接受了旅日韩国人经营的金融机构一名前理事共 104 万日元的政治资金。

2011 年 3 月 11 日，日本东北地区出现严重的大地震、海啸、核泄漏，让菅直人的首相职务暂时无虞。菅直人频频发表电视讲话，通报救灾进展，安抚民众情绪。12 日一早，身着浅蓝工服的菅直人乘坐直升机前往重灾区福岛、宫城两县察看灾情，访问了紧急冷却系统出现异常，导致核泄露的东京电力公司福岛第一核电站，并从空中视察了地震海啸灾情严重的两县沿海地区。富士电视台 20 日公布的一项最新舆论调查显示，菅直人内阁的支持率随之猛增到 35.6%。从民意调查结果来看，多数受访者对菅直人内阁采取的地震救灾措施表示肯定，并支持由菅直人内阁来应对地震灾害和福岛第一核电站事故。

尽管如此，但是在2011年4月初的统一地方选举中，民主党在东京都、北海道和三重县的知事选举中输给了最大的在野党自民党，在41个道府县议会选举中获得的议席低于选举前的384个。小泽一郎猛批菅直人，称其在处理日本的三重灾难危机时不称职。4月底的舆论调查结果显示，认为菅直人首相在大地震灾后对应及福岛第一核电站事故处理“领导不力”的日本国民达到76.0%，5月中旬时事通讯社实施的一项舆论调查结果显示，有近70%的日本民众希望菅直人首相下台，支持他继续担任首相的仅为24.5%。前首相鸠山由纪夫以及联合执政的国民新党首龟井静香分别劝菅直人提前辞职，小泽一郎手下多位议员也准备对在野党提出的内阁不信任案投赞成票。但在国会投票前举行的民主党众议员会议上，菅直人首相宣布：“在对东日本大地震灾后重建应对有一定眉目后，我会宣布辞职，让党内的年轻一代接手。”6月2日在野三党（自民党、公明党、奋起日本党）提出的内阁不信任案因此最终以152票赞成、293票反对遭否决。

菅直人与民主党领导层一致决定向自民、公明两党提出以书面方式保证《2011年度第二次补充预算案》《公债发行特例法案》以及《再生能源特别措施法案》通过国会审议为条件，然后辞职。国会众议院6月22日通过民主党提交的国会会期延长方案，决定将原定于当天结束的本期国会会期延长70天至8月31日。

2011年6月下旬，菅直人再次改组内阁，其中最大的亮点是首相助理细野豪志出任核事故担当大臣，同时又跨越朝野党界，让自民党议员出任负责灾后重建的政务官。但社会反映不佳，舆论调查结果显示，菅内阁支持率为23.2%，比上个月的调查暴跌10个百分点。针对菅直人继续担任首相一事，66.3%的人认为“产生了政治真空”。7月20日，政府2011年度第二次补充预算案在众院全体会议上获得通过，该预算案包括大地震灾民援助政策所需的经费等。同一天，民主党召开常任干事会，决定驳回小泽一郎的陈述书，对其给予暂停党员资格的处分。众议院7月28日通过了关于福岛第一核电站核泄漏事故的赔偿法案，即《原子能损害赔偿支援机构法案》。8月11日，众议院通过了《特例公债法案》，23日《可再生能源特别措施法案》同样顺利通过众议院的审议。26日菅直人出席民主党高层干部会议，正式宣布辞去党首职务。在内阁整理的内政外交情况报告书中，列举了“执政一年多就不得不辞职的理由”，其中扭曲的国会、民主党内的纷争、低支持率是主要原因。

## 二、艰难起航的野田佳彦政权

2011年8月29日，民主党所属国会两院议员参加的选举大会经过3个多小时的两轮投票，财政大臣野田佳彦战胜其他4位候选人成为新任党首。第一轮投票有效选票共395张，其中前原诚司获得74票，马渊澄夫获得24票，海江田万里获得143票，鹿野道彦获得52票，野田获102票。第二轮投票前两位候选人竞争，有效票392张，其中野田获得215张，海江田177票。8月30日，经国会众参两院议员投票，民主党新党首野田佳彦获众议院308票和参议院110票，分别过半数，当选日本第95任首相。

当选党首后，野田邀请民主党参议院议员会长舆石东出任民主党干事长一职，并表示要以此“作为党内融合的象征”。干事长主管党内资金和人事，权力极大，而且舆石东与小泽一郎的关系十分密切，等于野田向小泽派表示了休战求和的诚意。对此，曾提交退党申请的10名民主党议员认为“新首相致力于弥合党内裂痕”，因而向新干事长舆石东提出了撤回退党申请书的申请。另一方面，其后组成的野田新一届内阁几乎没有政坛明星，目的是照顾到党内各个派系的平衡，体现求稳务实的特点，确保新内阁能够平稳起步。共同社2011年9月初举行的全国紧急电话舆论调查结果显示，新成立的野田内阁支持率为62.8％，民主党的支持率为27.2％，高于自民党的23.6％，反映出国民对主张全党团结的野田政权的期待。

但是，野田内阁组建4个月来，在政治、经济方面均遭受挫折。首先，由于内阁成员大多缺乏执政经验，经常出现不当的言行举止，受到在野党及社会舆论的强烈批判。例如经济产业大臣钵吕吉雄2011年9月8日陪同野田首相视察福岛第一核电站时对随行的记者说，电站周边市、町、村的街道上空无一人，是一座“死城”。当天回到东京后，钵吕又作出触碰一名记者的动作，并说“把核辐射传给你”。钵吕的不当言行引发灾区民众的不满情绪，招致野田首相、藤村修内阁官房长官以及在野党的批评，被迫辞职，是野田内阁成立9天后首位辞职的内阁大臣。

新任防卫大臣一川保夫2011年9月2日在接受媒体采访时表示：“我在安全保障方面是一个外行，不过将（对防卫省）进行真正的文官制约管理。”“我不是军事专家，从来没有同枪炮打过交道。我认为在公众眼里，防卫和安全政策的重要性在于赢得国民理解，而不是仅仅为专家接受。”此言招致自民党的强烈抨击，自民党政调会长、前防卫大臣石破茂公开要求一川辞职。一川保夫同年11月以出席民主党议员政治资金集会为由缺席欢迎不丹国王夫妇的宫中晚宴再次备受争议，另外在12月1日的参议院大地震复兴特别委员会上，一川保夫针对1995年美军强暴冲绳少女事件发表言论称“不知详情”，而且对前冲绳防卫局长侮辱女性言论负有监督责任。

结果到2011年12月2日，自民、公明两党干事长、国会对策委员长举行会谈，决定共同对防卫大臣一川保夫提出问责决议案，并得到共产、社民、新党改革等政党的赞成。9日，参议院全体会议先后表决通过了自民党和公明党提交的针对一川和消费者行政担当大臣山冈贤次的问责决议案。对山冈问责的原因是其多次发表肯定传销的言论，以及作为主管维护消费者利益工作的内阁大臣不称职。

野田首相2011年12月9日傍晚在首相官邸举行的记者会上说，虽然参议院表决通过对两名内阁大臣的问责决议案非常令人遗憾，但他们主管的领域悬案堆积如山，希望他们继续全力以赴履行职责。但是，如果两人留任，自民党和公明党势必在翌年的通常国会期间拒绝参加国会审议，野田的政权运行将陷入困境。各大媒体2011年12月13日公布的民意调查结果显示，野田佳彦领导的内阁支持率大幅度下跌，执政3个月来其不支持率首次高于支持率。从调查结果看，主要原因是，多数受访者认为野田首相缺乏领导能力，政策主张不值得期待，以及让被参议院问责的防卫大臣一川保夫和消费者行政担当大臣山冈贤次留任等。例如59%的《朝日新闻》受访者表示不赞成野田首相继续留任在参议院中遭问责的一川保夫和山冈贤次，而对首相的这一决定进行积极评价的人仅为25%。在产经新闻与富士新闻网的受访者中，更有分别高达80.4%和73.3%的人认为一川大臣和山冈大臣应该辞职，甚至有超过七成的选民声称不知道野田“作为首相到底想做什么”。

2011年12月14日，野田首相开始讨论小幅度改组内阁的计划，其内容包括更换被参议院通过问责决议的一川保夫和山冈贤次。由于占据参议院多数席位的在野党要求更换上述两人，如果在继续留用的形势下开始2012年年初的例行国会审议，就会对2011年度第四次补充预算案及消费税增税造成重大影响。但民主党内很多议员担心，即使实施小幅度的内阁改组，从目前“扭曲国会”的形势来看，在野党迟早会在参议院通过针对首相的问责决议，使政权陷入进退维谷的困境。另外，一川、山冈均与小泽一郎关系密切，如果更换两人可能招致小泽的批评。

其次，在灾后重建、经济发展方面也是困难重重。野田首相2011年9月13日下午在众议院全体会议上发表施政演说，表示新内阁将致力于实现灾后重建、平息福岛第一核电站事故及重振日本经济。据日本财务省估计，到本财政年结束时，日本主权债务将首次超过1000万亿日元。野田佳彦9月8日在众议院预算委员会会议上就消费税增税法案回应自民党税制调查会会长野田毅的提问称：“如果朝野各党能够达成共识就再好不过了，但即便无法达成共识，该法案也将提交内阁会议进行表决，”同时强调“（增税的）实施期限也将记入法案”。

到2011年11月下旬，政府及民主党明确表示，已经将社会保障及税率一体化改革的重点——增加消费税的改革步骤确定为两阶段，实施时间截至2015年，实施额度为上调10%。尽管舆论调查结果显示对增税举措大致表示“赞成”的占82.0%，表示“反对”的占15.9%，但对政府决定在年内决定消费税增幅及实施时间，认为“不必年内决定”者占71.5%，对“年内敲定”表示理解的仅有25.3%。

2011年12月野田内阁支持率大幅度下降，除两名被问责的大臣成为众矢之的外，围绕增加消费税而产生的民主党内部之争也成为选民不满现政权的主要原因。据《产经新闻》12月中旬的报道，尽管野田佳彦已明确表示将以“不可逆转的决心”力挺增加消费税的政策，但以民主党前党首小泽一郎、前首相鸠山由纪夫为代表的部分民主党议员公开反对增税。56.4%的受访者认为，小泽等增税反对派应脱离民主党另建新党，55.3%的人则认为野田政府的增税政策违背了民主党的竞选公约，近2/3的人表示，民主党政府应在增税法案成立前解散国会进行大选，以听取选民心声。

另一方面，为推动日本经济的恢复与发展，野田首相2011年9月17日在内阁记者招待会上对日本加入泛太平洋战略经济伙伴关系协定（TPP）持积极态度，但民主党内部分议员认为政府提供的信息不足，反对加入TPP的呼声不断。甚至多名国会议员走上街头，抗议加入TPP谈判，并称其为日本政府最大的“卖国行为”。在722名国会议员中，已经有350多人表示反对加入TPP，认为一旦加入，日本农林水产业和服务业将受到严重伤害，“甚至动摇日本的社会基础”。

自民、公明、社民等在野党2011年11月9日向众议院运营委员会理事会提出协商申请，三党决定在协商一致的基础上共同向众议院提交决议案，反对野田首相在亚太经合组织（APEC）首脑峰会上宣布加入泛太平洋战略经济伙伴关系协定（TPP）的谈判。据日本媒体2011年11月14日公布的最新民意调查结果，野田佳彦内阁支持率从2011年9月初成立时的超过60%跌至40%左右，显示日本政府坚持加入跨太平洋战略经济伙伴协定（TPP）的谈判令民众不安。公明党代表山口那津男、大家党代表渡边喜美等在野党党首接受《产经新闻》采访时说，民主党政府没有向国民充分说明为何加入谈判。

## 三、仍未稳定的中日关系

2010年9月的钓鱼岛海域撞船事件使中日关系降到历史最低点，虽然同年11月中日首脑会谈后两国关系出现恢复的迹象，但钓鱼岛问题继续影响着2011年的中日关系。2011年1月14日，民主党全国大会在千叶市幕张开幕，作为党首的菅直人首相在会上谈及钓鱼岛问题时指出，“围绕尖阁诸岛（指中国的钓鱼岛）发生了很多事情，但至少尖阁诸岛是日本的固有领土，不存在领土问题的立场一直没有变化，因为（日本）实际控制的状态一直没有改变”。另外，菅直人在同年1月20日发表题为《站在历史分水岭上的日本外交》的演讲，提出了五项方针：一是继续加强以日美同盟关系为基轴的外交路线；二是开展亚洲新外交，在推进中日战略互惠关系的同时，开创日韩关系的新时代；三是推进经济外交，加强政府对制造业和产业部门走向海外市场的支持；四是加强对全球性事务的参与；五是对日本周边的安全保障环境作出正确的应对，但在谈及钓鱼岛问题时，批评中国“国防力量欠透明，海洋活动频繁”，并称日本“不得不担忧”。

2011年1月27日，日本海上保安厅的飞机在钓鱼岛黄尾屿西北约29公里附近的所谓“领海毗连区”内，发现中国渔政船“渔政201”号在航行，日方飞机和巡逻船用无线电的电光板发出“警告”。文部科学大臣高木义明在28日呼吁将“尖阁诸岛（即钓鱼岛）是日本领土”写入教科书。

2011年2月初，日本内阁正式通过了新《防卫计划大纲》，强调将削减在本土的防卫力量，以大力加强对“西南诸岛”的防卫。防卫副大臣安住淳在接受采访时表示：“与以前相比，新防卫大纲的最大变化将是把防卫重点从北方转向南方，着重加强西南诸岛地区的防卫。”日本海上保安厅第11管区海上保安本部（位于冲绳县那霸市）2月10日向中国渔船船长詹其雄索赔1429万日元，称该索赔额是日本两艘巡逻船的修理费，尽管知道这笔修理费的支付可能性很低，但第11管区相关人员表示将持续督促。

2011年3月7日，在中国“春晓”东海油气田东北偏北海域，中国国家海洋局一架直升机飞近日本海上自卫队“五月雨”号驱逐舰，日本政府认为中方直升机行为是“危险行为”，已通过外交渠道向中方提出了“抗议”。3月9日，日本海上保安厅的飞机在钓鱼岛西北约90公里海面上发现中国渔政船“渔政202”正在向南航行，驶入钓鱼岛西北44公里的毗连区海域，日本海上保安厅通过无线电等方式“警告”中国渔政船“勿侵入日本领海”。据那霸的第11管区海上保安总部称，这是自2010年9月中日撞船事件以来，日本海上保安厅飞机第8次在钓鱼岛附近的毗连区海域发现中国渔政船。

2011年3月26日，日本海上自卫队的一艘驱逐舰在东海油气田附近“中日中间线”东侧巡航时，遭到中国海监部门的一架“Z9”直升机的近距离警告。3月30日，日本文部科学省公布了新版教科书的审定结果，全部7家出版社发行的社会科教科书均声称钓鱼岛是日本领土。中国外交部发言人姜瑜说，钓鱼岛及其附属岛屿自古以来就是中国的固有领土，中国对此拥有无可争辩的主权，任何试图改变这一事实的言行都是徒劳的，中国外交部已就此向日方提出严正交涉。

中国海军导弹驱逐舰等8艘舰艇2011年6月8日凌晨穿过冲绳本岛和宫古岛之间的公海后驶向太平洋方向，日本海上自卫队就此对中国军舰进行了持续的“警戒监视”。日本右翼媒体就此称，中国海军远洋训练正趋于常态化，并鼓动日本政府对华采取强硬态度，严防“不测事态”的发生。7月4日，中国外交部发言人洪磊说，中方已就日本渔船赴钓鱼岛海域作业向日方提出严正交涉，要求日方立即将渔船撤离相关海域。

2011年8月2日，日本防卫大臣北泽俊美向内阁会议报告了2011年版《防卫白皮书》并获得批准，该白皮书与2010年白皮书一样继续炒作“中国威胁”，例如“中国舰队穿越冲绳本岛与宫古岛之间进入太平洋”、“中国国家海洋局的飞机异常接近日本海上自卫队护卫舰”、“中国与东盟国家在南海存在主权争端”等。同时策划了对中国的四大“不安”，即首次用“扩大”和“常态化”等新表达方式炒作中国在东海、南海的活动；

以2010年9月的中日钓鱼岛撞船事件为开篇，突出中国的所谓“高压对抗”姿态；纠缠中国国防政策和军力动向，首次提出中国“遵守国际规范”很重要；新增“南海动向”条目等。

8月发表的中日共同舆论调查结果显示，中国的普通公众因受钓鱼岛撞船事件和福岛核危机的影响，对日好感度比上年下降了近10个百分点，日本公众对中国的印象下降了6.5个百分点。另一方面，有58.4％的中方普通公众和42.8％的学生教师将阻碍两国关系发展的最主要原因归咎于“领土问题”，有63.2％的日本公众和51.2％的知识分子首先选择的也是“领土问题”。2011年8月24日，日本外务省事务次官佐佐江贤一郎紧急召见中国驻日本大使程永华，就中国渔政船驶入钓鱼岛附近海域的“日本领海”一事，向中国政府表示了强烈抗议。

野田首相2011年9月13日在临时召开的国会上发表他上任以来首个施政演讲，在谈及对中国的外交政策时说：“明年是中日建交40周年，希望推进与中国多方面的具体合作，并要求中国作为国际社会有责任的一员，更透明地扮演适当的角色，加深彼此战略互惠关系。”另外在“强化与近邻诸国的两国间关系”演说部分，对中国、韩国、朝鲜、俄罗斯的政策一语带过，但花费三倍篇幅谈“深化、发展日美同盟”，也用了几乎相同的篇幅谈“日本卷入的世界局势和安全保障环境变化”。

2011年9月23日，野田佳彦在纽约举行记者会时就表示，为迎接2012年中日邦交正常化40周年，将深化两国的战略互惠关系。在谈及钓鱼岛和历史认识等问题时指出：“虽然有时会发生难解的问题，但为了不影响日中关系全局，双方都必须从大局出发作出努力。”尽管如此，野田佳彦与菲律宾总统阿基诺

9月27日在东京举行会谈，双方发表包括加强南海安全合作等内容的联合声明，有意牵制在南海地区影响力增强的中国。野田首相10月16日在日本航空自卫队的一次航空阅兵式上训话时表示，日本将派遣陆上自卫队工程部队赴南苏丹参与联合国维和行动。野田还引用中国古代兵书中的名言“忘战必危”，指出日本安全环境的“不透明性”，由于朝鲜及中国的活动在增加，鼓励在场军人为应对不测事态做好准备，这是日本政府领导人在公开讲话中首次提及“中国威胁”。

据报道，2011年9月26日，中国海洋调查船“科学3号”驶入钓鱼岛黄尾屿东北偏北约145公里处的“日本专属经济区”（EEZ），日本第11管区那霸海保部出动飞机进行“警告”；10月7日，经过日本海上保安厅飞机确认，中国“北斗”号海洋调查船7日上午9时左右驶入钓鱼岛赤尾屿（日称“大正岛”）以北155公里处“日本专属经济区”（EEZ）；10月24日，中国2艘渔政船“渔政201”和“渔政35001”进入钓鱼岛黄尾屿东北偏北约30公里处海域进行巡航，遭到日本海上保安厅巡逻船的“警告”，称“请勿驶入日本领海”。对此，“渔政201”则通过无线回应说：“中方船只只是正常巡航。”日本时事通讯社报道，经日本海保厅巡逻船确认，2011年中国渔政船已先后9次航行于钓鱼岛海域。

尽管日本内阁府2011年12月3日公布的有关外交的舆论调查结果显示，回答对美国“有亲近感”的比例较去年调查时增加了2.1个百分点，上升至82.0%，创1978年开始实施调查以来的新高。回答对中国“有亲近感”的比例为26.3%，同比增加了6.3个百分点，回答对中国“没有亲近感”的比例减少6.4

个百分点，为71.4%，但钓鱼岛撞船事件引发的日本“反华”情绪显然对中日关系产生了较大的负面作用，而且钓鱼岛频繁地出现在媒体上进一步反映了日本人对中国的强烈戒心和不信任感，推动日本更加倾向于强化日美同盟，结果导致中日区域经济一体化进程更加漫长、日本积极介入南海问题以增加在领海问题上的主动权、加深与中国周边国家的安全合作以对抗中国。这样一来，中日关系的发展则遭到许多有形与无形的制约。

在本文终稿之际，正值野田首相正式访问中国。尽管在会谈中两国首脑表示积极推动双边战略互惠关系，在诸多领域也达成框架性协议，但主要议题变为金正日去世后的朝鲜半岛局势，而且由于缺乏互信机制与民意基础，此次访问象征性意义大于实质性意义。

# 国际形势中的五大动向

丁原洪

2011年，国际形势错综复杂、动荡不安。突出的有五大动向：美国深陷经济困境，其世界霸权受到冲击；世界金融危机和欧洲主权债务危机使欧洲一体化进程严重受阻；国际秩序正蕴育着重大变动，西方发达国家主导的国际秩序越来越难以为继；持续多年的中东乱局难有穷期；中国的外部环境复杂化，面临严峻的挑战。这五大动向对世界形势发展起着格外重要的影响。

2011年是极不寻常的一年。一年来，日本核泄漏事故，中东政局大动荡，北约武力推翻卡扎菲，挪威狂徒血腥屠杀，英国街头暴力骚乱，从雅典到马德里，从以色列到印度，持续不断的民众抗议示威，“占领华尔街”活动的蔓延等等，种种前所罕见的事件震惊全球。这一切都发生在金融经济危机尚未过去，主权债务危机又严重困扰欧、美、日各大发达经济体的背景之下，使得整个国际形势呈现出错综复杂、动荡不安的特点。二战后形成的由西方发达国家主导的国际秩序正经历着重大变化和严峻考验。

在大变动的国际形势中，有五大动向对世界形势发展起着格外重要的影响。它们是：

## 一、美国深陷经济困境

始于2008年下半年的金融危机，迅速转为殃及全球的经济危机。它暴露出西方资本主义社会多年来形成的结构性矛盾和弊病。美国作为世界上头号经济强国，经过一年多的努力，经济虽有所复苏，但依然面临着增长乏力、失业率居高不下的难题。美国2011年头两个季度国内生产总值增长率分别为0.4%和1%，远低于上年三、四季度的2.5%和2.3%。2011年8月份失业率9.1%，是连续第5个月高于9%。非农业就业人口自1945年以来首次出现零增长。根据美国预算管理办公室的数字预测，美经济2011年全年增长最多只有1.7%，失业率保持在9%以上。据美国商务部经济分析局预测，美国的失业率要到2019年才能恢复到危机前水平。不少专家认为，美国可能会长时间陷于低增长、高失业的困境。

在经济危机的冲击下，美国的债务负担问题也尖锐起来，同欧洲债务危机一样在国内外闹得沸沸扬扬。美国的债务问题由来已久。从40年前尼克松总统决定美元作为公认的国际储备货币与黄金脱钩，换句话说美国可以不受约制地印美钞以后，美国一直实行着赤字财政。除去20世纪90年代克林顿总统执政末期一度短暂消灭赤字外，40年来美国财政一直是入不敷出，靠举债弥补赤字。因而，美国的国债不断攀升。从里根1980年的7120亿美元发展到2010年的14万3千多亿美元，占美国国内生产总值的比例接近100%，较之德、法、英等国都高，人均达4万5千多美元。即使这样，奥巴马总统与国会民主、共和两党领导人还就进一步提高债务上限争吵不休，使美国政府的公信力受到不小损害。

美国沉重债务负担形成的两大主因：一是美国政府凭借美元的特殊地位，一直采取举债刺激内需的方式促进经济增长，必要时将债务负担转嫁给其他国家；二是美国为维持其世界霸权，不断增加军费开支，滥用武力，频发战争，大大加重了财政负担。据称，美国在伊拉克、阿富汗两场战争中已花去了3万多亿美元。美国国债占国内生产总值的比例，从克林顿总统时期的56.4%上升到小布什总统时期的84.2%，再到奥巴马总统执政今日的99%，除去应对金融经济危机外，主要是由于进行这两场迄今未终结的战争的结果。

美国经济现状是增长乏力，失业高企，债务沉重。造成这一局面同美国实行新自由主义经济政策以来，过度发展金融衍生品为代表的虚拟经济，忽视制造业实体经济有着密切关系。由于这关系到多年来美国经济的发展模式和美国人民的生活方式，无论国家还是个人，基本上是“借债度日”，寅吃卯良，要想改变十分困难。民主、共和两党，一个主张增税，一个要求削减福利，争来争去，难以妥协。尤其是当前面临2012年大选，双方都更多地着眼于取悦选民，而不是考虑如何解决经济结构上的矛盾。这也使得经济问题变成了政治问题。

经济是基础。美国经济的现状不可避免地会对其推行称霸全球战略产生影响。美国在世界各地力不从心的现象越来越多。奥巴马不顾国内的反对声音，急于从阿富汗撤军，虽有2012年大选的考虑，但多少也有迫于债务负担过重，为减轻财政压力而不得已的因素。奥巴马政府近三年来，一再鼓吹在推行实力外交时要“巧”，也从一个侧面反映美国谋求维系世界超级大国地位与其实际拥有的实力之间存在差距。美国号称世界头号强国，处处以“领导者”自居，可是现如今又是世界上最大的债务国。这一悖论发人深思。美国前财长萨默斯就曾尖锐地提出：“世界上最大的债务国能够在多长时间内保持其世界上最强大国家的地位呢?”美国是否开始衰落的问题，在美国内外争论激烈，莫衷一是。其实，问题的关键在于站在什么样的视角去审视美国的现状而已。

美元在国际金融体系中的霸主地位是美国在世界上维持其霸权的重要基础。金融危机的影响和美国政府利用美元特殊地位损人利己的种种行径，招致世界各国的反对和抵制。要求改革现行的以美元为主导的世界金融体系的呼声越来越强烈，对美国形成重大压力。尽管目前和今后一段时间内美元的地位仍然是其他货币无法替代的，但美元的“一统天下”和为所欲为的局面必将被打破。这对于美国的世界霸权会形成不小的冲击，对整个世界格局的进一步变化也会有重大影响。

## 二、欧洲一体化进程严重受阻

在世界金融危机以及由之引发的欧洲主权债务危机的双重打击下，欧盟固有的结构性矛盾和缺陷凸显出来。各成员国都程度不同地把自身利益前置于联盟集体利益，矛盾更难化解，推进一体化的热情减退，一体化进程陷于停滞。它表现在以下几个方面：

### （一）“深化”、“扩大”两个轮子停摆

欧洲一体化历来是依靠“深化”和“扩大”两个轮子不断向前推进。体现“深化”机制的《里斯本条约》，从酝酿签订《欧盟宪法条约》到最终以《里斯本条约》形式问世，几经周折，历时近十年之久。该约本意是推进共同的安全与外交政策，而实效不彰。各国都坚持把外交主权掌握在各自国家的政府手里，欧盟理事会常设主席和欧盟外交行动署署长，无多少实权，更多的是在内部起协调作用。在参与对利比亚的军事干预问题上，欧盟 27 国更是自行其是，只有法、意、英等少数几国积极，多数国家不愿介入，就是例证。

由于成员国意见分歧和各国出于自身利益的考虑都实际上拥有“否决权”，因而要实现进一步扩大成员国面临着不小的阻力。在吸收罗马尼亚和保加利亚入盟被认定是“操之过急”的情况下，除批准已启动入盟程序的克罗地亚入盟外，对巴尔干地区等候入盟的其他国家，各国都不怎么积极。对于吸收乌克兰、格鲁吉亚等国入盟问题，尽管波兰等中、东欧国家大力推动，可是由于形势的变化，短期内无望解决。欧盟在扩大成员国方面最大的难点是土耳其，而此事上成员国之间分歧尖锐，仍是个拖的局面。在各国都忙于应对主权债务危机的背景下，欧盟一体化进程基本上处于无人、无暇过问的状态。

### （二）欧元区呈现“一分为二”的趋势

推出统一货币——欧元，建立欧元区，是欧洲现代化进程的最大成果。可是，它是把经济实力、发展水平、财政现状存在巨大差异的不同国家凑合在一起建立的“统一货币”，而且财政政策依然掌握在各个成员国手中。金融危机一爆发，经济实力较弱、财政状况欠佳的一些小国，诸如希腊、爱尔兰、葡萄牙等就凸现出债务问题。尽管欧元区成员国在国际货币基金组织参与下，筹组了救援机制，对有关国家实施了救援，但是，要弥合成员国之间的财政状况的差异，解决受援国的财政困境，绝非短时间内所能办到。为应对债务危机而不得不采取财政紧缩政策，反而进一步加剧了这种财经差异。根据 2011 年第一季度的数据，希、爱、葡三国的国内生产总值较上年同期依然是负增长；西班牙、意大利两国经济虽有增长，但也不大，都低于整个欧元区平均水平；德国、法国以及北欧国家的经济状况要好得多。财经状况的差异实际上形成了政治上的分野。欧元区因债务问题而分为“北方成员国”和“南方成员国”两个不同的利益集团。处境不同，在应对债务危机上主张也大有差异，很难形成统一的意志和行动。但是欧元的前途与欧盟的命运密切相关。欧元区成员国乃至欧盟各成员国都承受不了因欧元区解体给整个欧洲带来的难以估量的危害。目前各国正在“拯救”欧元、保住欧元区的目标下，探索解决债务危机的有效途径。

总的来看，欧盟国家的经济状况将会经历一个漫长的恢复期，欧元也将在震荡中维持下去，欧元区不会走向崩溃。

### （三）“申根协议”的实施遇到困难

“申根协议”的订立和实施，也是欧洲一体化的一大成果。但是，协议从一开始实行，就遇到外来移民进入的难题。不少欧盟国家由于人口老化、劳动力缺乏，需要外部移民充当“廉价劳动力”。但随着时间的推移，外部移民越来越多，而国内失业人口不断攀升，移民问题成了一大社会问题。近些年来，法国、意大利等地中海沿岸欧盟成员国一直受到来自北非国家移民的压力。在同突尼斯、利比亚等国的交往中，过去都有要求这些国家对向欧洲移民加以控制的规定。然而，随着这一地区局势动荡加剧，尤其是利比亚内战的爆发，大批难民无序涌入欧洲就成了一个十分尖锐的问题。

欧盟成员国面对严峻形势，意见分歧，没有一个国家愿意帮助安置如此众多的难民，甚至一再发生众多难民无助地漂泊海上丧生的人间悲剧。意大利首当其冲，为缓解压力，试图利用“申根协议”之便，将难民送往法国，法则强力堵截，封锁法意边境。此事闹到两国领导人当面理论，并提交欧盟理事会裁决。最终欧盟理事会决定有关国家必要时可以暂停履行“申根协议”。这无异于协议执行与否完全由各国自行决定，它不再享有法律约束。这是“申根协议”的重大挫折。正是在这一形势下，荷兰以移民问题为借口，拒绝罗马尼亚、保加利亚加入“申根协议”申请，招致后者公开表示不满。

欧洲一体化进程在金融经济和主权债务危机的影响下严重受阻。但是，欧盟又是成员国之间的“利益共同体”，一荣俱荣，一损俱损。欧盟在成员国的共同努力下必将渡过目前的难关。“唱衰”欧盟是没有根据的。

## 三、国际秩序正蕴育着重大变动

现行国际秩序是由少数发达国家主导的，它是建立在这些

国家经济实力远超出发展中国家的基础上的。近些年来，在经济全球化的影响下，发展中国家的经济发展速度逐渐赶上甚至超过发达国家，两者之间的差距在缩小。“新兴经济体”的出现更大大地促进了这种差距的改变。新兴经济体（或称新兴市场国家）和发展中国家的国内生产总值在全球经济总量中的比例，从2000年的23.6%上升到2010年的37%，发达国家则从76.4%降到68%。对金融经济危机的影响，发展中国家与发达国家的感受迥异。尽管发展中国家经济也受到损害，但小于发达国家，而且复苏快于发达国家。据国际货币基金组织预测，2011年全球经济增速将从2010年的4.8%降到4.3%，其中发达国家经济增速由3%降至2.2%，而发展中国家经济增速由7.4%降至6.6%，依然是发达国家增速的3倍。因而据该组织的预测，到2015年，发展中国家的国内生产总值在全球经济总量中的比例将进一步上升到43.2%，而发达国家则降到56.8%，也就是说，两者接近持平。

新兴经济体作为发展中国家的佼佼者，能够迅速发展经济的一个共同特点就是，各国在实行市场经济过程中，都能在不同程度上结合自身的条件和情况采取相应的政策措施，没有照搬在西方发达国家占主流地位的自由市场经济模式，注意发挥国家和政府的调控职能。尤其是没有过度依赖金融市场，忽视实体经济，没有出现过度举债，入不敷出的局面。而这恰恰是美、欧、日等各大发达经济体面临的大难题。

以西方发达国家为主导的国际秩序，不仅由于力量对比的变化越来越难以为继，而且发达国家在政治上也遇到了困难。自由经济、民主政体是西方国家自视优越、高人一等的“两大”

法宝。然而，主要由于新自由主义酿成的这场从20世纪30年代以来最大的金融经济危机，使美、欧、日等发达国家的经济陷于严重困境，而且也使它们极力鼓吹的“民主政体”出了丑。美国民主、共和两党为了党派利益，为了赢得选票，就提高美国国债上限吵得不可开交，置严重的经济问题于不顾，以致于美国的标普评级机构70年来第一次对美国主权债务信用评级下调。欧洲当前遇到的债务问题根子在于政党为了选票，讨好选民，盲目地调高社会福利，导致资不抵债。再者，欧盟成员国在危机面前，各个首先采取自保，罔顾联盟的集体利益，无论是应对金融危机还是处理主权债务问题都是争来争去，难求一致，贻误时机。日本则是地震、海啸、核泄漏、经济低迷、债务高达国内生产总值的200％以上等等，问题成堆，可是依然无法实现举国一致应对，反而因政党、派系之争导致频繁更换首相、改组内阁。不少西方媒体认为，西方国家的“民主政体”出了问题，是“制度危机”。或许这多少有些言过其实，不过西方国家前些年极力鼓吹的以自由市场经济、民主选举政治、人权价值观为核心内涵的所谓“华盛顿共识”已彻底破产，则是事实。

美联储前主席格林斯潘2011年6月曾对《大西洋月刊》发表谈话说，美国已经分裂成两个：一个是超级富人的美国，在经济复苏中赚到了高额奖金，另一个则是中产阶级、中小企业主的美国，他们仍在艰难地挣扎。美国人权的本质不是人民的权利，而是金钱的权利。诺贝尔经济学奖获得者斯蒂格里茨在2011年5月美刊《名利场》撰文说，从收入上看，美国1％的富人年收入几乎占全国收入的25％、资产占全国的40％，美国国会就是为这1%的人服务的。1%的人所有，1%的人治理，1%的人享受，这就是美国的现状，与林肯提出的“民有、民治、民享”的概念完全不同。这两位美国重量级人物的话道出了西方“民主政治”的真相，也点出了发生所谓“华尔街革命”的原因。

对于现行国际秩序的挑战，应该说既来自于西方国家之外，更来自这些国家的内部。大变动终将发生，不妨拭目以待。

## 四、中东乱局难有穷期

从突尼斯一青年自焚事件迅速蔓延成中东北非地区各个国家的内部动荡，进而发生北约公然凭借武力推翻卡扎菲政权，实现政权更迭，并正酝酿在叙利亚如法炮制，推翻巴沙尔政权。中东乱局持续恶化，对当前世界政治经济形势发展影响重大。

造成当前中东的乱局，既有内因，也有外因。就内因而言，中东地区各国出现形势动荡虽情况各异，但相同的一点就是民众对统治者积怨甚深，既有对国家经济落后、民众生活艰辛、统治阶层腐败的不满，更有对领导人在西方列强面前卑躬屈膝，无所作为，致使阿拉伯民族失去昔日“尊严”的愤懑。就外因而言，美、欧等西方国家为了维系、扩大自己在中东、北非地区的既得利益，采取包括军事打击在内的各种手段进行干预，利用阿拉伯民众的正当不满为自己的私利服务。这场打着“保护平民”的旗号、实际造成数万平民死亡的利比亚战争，最终目的就是为争夺利比亚的油气资源。什么支持民主诉求、反对独裁等等，只不过是掩人耳目的遮羞布而已。为了满足私利，什么联合国决议、国际关系基本准则等，统统置于脑后。在巴黎召开的所谓“利比亚之友”国际会议，名为讨论“后卡扎菲时代”利比亚的重建，实为法、英、意、美等西方大国“坐地分赃”。利比亚战争实际上是美国新保守主义势力发动阿富汗战争、伊拉克战争之后的“续篇”，其结局也会同在“反恐”名义下发动的这两场战争差不多。

中东是第二次世界大战后世界上战乱一直未断、几乎无一日和平的唯一地区。20世纪后半叶几十年里就发生阿以之间的5次中东战争、伊朗与伊拉克之间的8年战争，以及因伊拉克入侵科威特而引发的第一次海湾战争。中东形势长期持续动荡的根子在于美、英等西方国家二战后在这一地区实行的政策。它们在1948年人为地在巴勒斯坦人居住的地区建立以色列国，埋下了以巴矛盾的祸根。美国取代英国主导中东以后，大力扶植以色列对抗广大阿拉伯国家，又利用阿拉伯国家在以色列问题上的分歧，打一派拉一派，并且挑拨什叶派与逊尼派之间的矛盾，进一步分化阿拉伯世界的团结。在当前这场中东乱局中，它依然是故伎重施。美国实行“双重标准”政策，说穿了就是继伊拉克战争之后，着力打击利比亚、叙利亚等对以“强硬派”，而对对以“温和派”则网开一面。利比亚、叙利亚之后势将会把矛头集中于伊朗。由此可以判断，中东乱局还会继续下去，难有穷期。

在这场近半年的利比亚战争中，表面上看似乎是法、英等欧洲国家打头阵，实际上一切依然是由美国掌握。奥巴马政府只是碍于美国尚未从阿富汗、伊拉克战争脱身，从2012年大选考虑，不便在利比亚战争中过于张扬，但并未改变也不可能改变由其一家主导中东地区的战略目标。针对巴勒斯坦谋求在联合国大会上确认其独立主权国家地位的努力，美国正秉持利比亚战争的“胜局”迫使欧盟国家同其一道加以阻遏。美国甚至公开写信给70多个国家，要其同美国“协调”一致，并威胁在安理会动用“否决权”。奥巴马上台后，一再声称美国新中东政策的主要内容就是支持巴勒斯坦和以色列“两个国家”和平相处，而在行动上却是极力阻止巴勒斯坦建国。全然是说一套，做一套。

美国利用所谓“阿拉伯之春”，谋求扩大、巩固自己在中东地区的战略利益和势力范围，自以为得计。其实，它对于巴勒斯坦人民收复被占土地、建立自己国家的正义战争，对于阿拉伯各国人民争取独立、尊严、发展的民族事业采取两面三刀的实用主义做法，只会一次又一次地促使阿拉伯民众认清美国政策的本质，积蓄心中的反美怒火。只要美国继续偏袒以色列，打压巴勒斯坦，在这一地区滥用武力，频繁杀戮无辜百姓，不管它打着什么旗号，都只会不断激起阿拉伯民众的觉醒和反抗。反美怒火会愈益炽烈，美国最终会自食其果。

## 五、中国外部环境复杂化

2011年是中国经济总量超过日本，开始成为世界第二大经济体的一年。这是中国经济快速发展的成果，也是同在世界金融危机影响下，包括日本在内的发达资本主义国家经济遇到困难分不开的。尽管中国人均国内生产总值在世界排名还很靠后，中国经济的构成和质量与发达国家还有不小的差距，与世界第二大经济体的称号还多少有些“名不符实”。然而，在世人眼中，中国正在复兴，已属不争的事实。这一现实给中国今后的发展和对外关系会带来巨大的深远影响。

经济总量的增长标志着中国参与国际竞争的实力增强了，应对各种挑战的手段增多了，规避风险的回旋余地加大了。从政治层面看，中国的影响力提高了，在国际上的话语权增强了。这些都是我们应当善加利用的有利条件。然而，凡事有利必有弊。总的来说，就是来自各个方面的挑战和压力增加了。“树大招风”，这是发展带来的必然结果。

从一年来国际形势的变化看，当前我国面临的外部挑战突出地有以下几点：

1. 美国全球战略重点转向亚太，加大了对我国的挑战。促使美国全球战略重点从西向东转移的因素是多方面的，可是，不可否认的是，应对中国的快速复兴是其中一个重要原因。从2011 年起喧嚣一时的所谓美国“重返亚洲”，正是其战略重点转移的具体表象。强化美日、美韩、美澳军事同盟，增加在亚太地区的军力部署，挑拨中国同印度、越南等邻国的关系，煽起南海问题的争议，散布各种“中国威胁论”等，是美国为遏制中国发展而采取的举措。超级大国美国把牵制、阻挠中国的复兴作为其外交的重要组成部分，这成了中国和平发展的重大障碍，也是中国必须妥善应对的大问题。

2. 随着中国实力的增强和美国战略重点的调整，周边大国对我国的心态发生变化。它们既希望从我国经济发展中谋求更多实惠，又担心中国的发展壮大对其构成威胁。因而，同我国之间的关系呈现复杂化的趋势。印度、越南、日本、韩国等主

要邻国都有借重美国平衡我国影响力的趋向。这导致我国同这些国家的关系不可避免地出现起伏、波动。即使同我国关系最为密切的俄罗斯也多少对我心存疑忌，留有一手。它们对中美关系所持的心理是，既担心中美两国直接对抗，又害怕中美两家联手“共治”亚太。这大大增加了我国同它们打交道的难度。

3. 我国同日本、韩国围绕钓鱼岛主权以及东海捕鱼权、石油开采权的争端日益尖锐，我国同越南、菲律宾等国在南海岛礁归属和海域划分的争斗愈演愈烈。这一切都表明海洋权益的争端对我国主权安全、海洋开发权的影响突出起来。我国虽坚持“主权归我，搁置争议，共同开发”的正确主张，可是“树欲静而风不止”，这未能阻止它们在美国的支持、默许下对我国权益的侵犯、蚕食。这一事态已经引发国内民众的不满。尽早研究妥善办法，十分必要。

4. 随着经济全球化的深入发展和我国经济与外界联系的日益繁多，注意防范和维护我国的经济、金融主权和安全的问题越来越突出。尤是我国拥有最大数量的国际储备货币和万余亿美元的美国债券，国际市场的风吹草动都会给我国财经状况造成一定冲击。加之，美、欧等国惯于采取转嫁危机的办法解决自身困难，转嫁与反转嫁的斗争将贯穿于我国同它们的经贸往来之中。对此，不可不防。

# 西方制度危机与全球化困境

丁一凡

经济全球化是美欧等西方国家倡议及推动的，这些国家的宏观经济政策、它们主导的国际经济组织都在推动全球化发展中起了重要作用。经济全球化使发达国家的大型跨国企业收益颇丰，但生产转移也使发达国家的就业情况困难重重。在金融自由化的背景下，发达国家经历了一轮轮金融泡沫膨胀与破裂，同时收入分配差异扩大，社会抗议活动增加，政治危机显现。

面对中国经济的不断增长，西方舆论开始把危机的原因栽赃到中国头上，企图转嫁矛盾。中国成功地利用了全球化，但也面临着全球化中断与发达国家市场萎缩的威胁。要保证中国经济未来的可持续发展，必须兼顾扩大内部市场、调整经济结构、谨慎开放金融、提高经济竞争力和保护海外投资利益等各种诉求。

随着欧洲主权债务危机愈演愈烈，美欧社会出现了越来越多的社会抗议活动，以“占领华尔街”为代表的运动开始怀疑以金融自由化为代表的全球化是否是造成危机的元凶。与此同时，一些针对中国的声音在西方舆论界此起彼伏，声称中国是全球化唯一受益者，企图联合西方国家重新界定全球化，并针对中国采取措施。

如何看待债务危机引发的西方制度危机，如何看待下一步经济全球化的发展，关乎我们未来的发展战略。对此我们必须认真对待。

## 一、放松管制导致的经济全球化

资本的特点就是追逐利润。如果各国不给资本设置障碍，实行完全自由的市场经济，那么资本在全球随意自由流动，到处追逐利润，就会推动经济全球化的发展。然而，历史上国家总是要给资本设置一定的羁绊，不是出于地缘政治的担心，就是出于对本国资本外流会造成本国缺少资本的担心。

第二次世界大战后，美国组织了帮助西欧恢复经济的马歇尔计划，美国企业得以大量进入西欧市场。但在很长一段时间里，西欧各国政府都对资本流动实行管制，跨国企业的发展受到一定限制。20 世纪 70 年代爆发的两场石油危机引发了西方经济的“滞胀”，特点为：经济增长停滞与通货膨胀攀升这两个在凯恩斯经济学中几乎不可能同时出现的现象出现了。美国的通货膨胀率 1960 年时为 1.4%，1979 年达到了 13.3%；失业率 1982 年达到了 9.7%。从滞胀开始，凯恩斯主义在西方世界失宠，而反对凯恩斯主义的几种理论成为了美欧国家政府制定经济政策的理论基础，它们主要是：以奥地利经济学家哈耶克为首的新自由主义，以美国芝加哥大学教授弗里德曼为首的货币主义流派及以美国斯坦佛大学教授拉佛为代表的供给学派。20

世纪80年代初里根在美国当选总统，撒切尔夫人成为英国首相，这两个标志性事件宣告了新自由主义在西方世界成为主导，开启了经济全球化的先河。

从20世纪80年代以后开始的这场经济全球化经历了几个阶段，有几个明显的特点：

1. 美欧等发达国家的政府开始放松管制，让市场更多的起调节经济的作用。解除金融管制是整个新自由主义运动的一个步骤。新自由主义鼓吹让民族国家服从于经济主体——企业家对经济自由的要求，反对政府对市场的任何管制，主张公共服务普遍私有化，减少公共和社会开支。市场的权利在经济效率的名义下被神圣化，而信奉新自由主义教条的西方国家政府开始清除那些市场上的种种行政或政治障碍，以给追求个人利润最大化的资本所有者提供方便，追求个人利益最大化变成一种理性的行为模式。

在新自由主义昌盛时，西方经济学也呈现一边倒现象。货币主义和供给学派统治了经济学界，他们将金融业地位的攀升及其高利润的回报归结为四项政策：（1）持续地解除经济管制；（2）依赖于负债的兼并、收购及杠杆收购；（3）投机的经济效用；（4）衍生工具对市场的有益促进作用。[①]华尔街开始录用大量的数学、物理、化学专业的毕业生，用大量的数学模型来处理金融专业人员都看不太懂的金融衍生产品，美其名曰这些模型可以成为金融衍生产品可靠的基本风险管理工具。

在这种背景下，美国及欧洲的股票市场由大量的并购、重

① ［美］凯文·菲利普斯著：《金融大崩溃》，中信出版社，2008年版，第83页。

组及杠杆收购活动所推动，市场行情不断翻新，吸引越来越多的私人投资者加入进来。

同时，政府也开始减少企业税赋，鼓励投资，鼓励金融创新，等等。这场由政府发动的运动，很快就变成由大型跨国企业推动的一场运动。

2. 在发达国家的影响下，发展中国家开始转变发展战略，某种程度上促成了经济全球化。从20世纪50年代到70年代，西方的发展学说也认为发展中国家要真正走上经济发展之路，必须打破工业化国家在工业制成品方面的垄断，改造发展中国家一直为工业化国家提供廉价原材料的模式。于是，“进口替代”成为大多数后发展国家的发展战略。具体地说，政府出面扶植一些国有领头企业，生产进口急需的制成品，逐步摆脱对工业化国家制成品的依赖。20世纪80年代以后，随着欧美国家对凯恩斯主义的批判，进口替代战略也不再受到鼓励。相反，西方国家不断批评发展中国家实行的进口替代战略，认为这种战略需要政府用高关税扶植“幼稚产业”，而这又造成了“寻租”等腐败行为，最终浪费了公共财政的开支，养活了一批效率不高的国有企业。与此同时，欧美国家还说服发展中国家采用引进外国企业，鼓励出口的增长模式。亚洲的“四小龙”就被认为是以出口带动增长，实现产业升级并提高经济竞争力的典型。

20世纪70年代末80年代初，中国实行改革开放，加入了国际劳动分工的新格局。中国参与国际市场，促进了全球化的迅速发展。

3. 国际经济组织在全球推行自由化。20世纪80年代末90

年代初，以美国财政部、世界银行和国际货币基金组织为代表的一批经济学家鼓吹在发展中国家、特别是在技术交流国家推行新自由主义政策，全面开放金融市场，全面推行私有化。这些措施后来被总结为“华盛顿共识”。金融自由化造成资本流动加快，亚洲及拉美许多国家因为开放市场吸引了大量外来资本，但它们无法控制资本的使用，外来资本制造出一起又一起泡沫。随着泡沫的破裂，亚洲及拉美国家在 20 世纪 90 年代先后陷入了金融危机。为了给这些陷入危机的国家提供救援贷款，代表美欧国家利益的国际货币基金组织提出了许多条件，要求这些国家进一步开放市场，把一些国家资产私有化，卖给美欧企业。20 世纪 90 年代初苏联解体、东欧剧变，原东方集团的国家采取了“休克疗法”，将大批国有企业私有化，引进西方资本，更加快了经济全球化的趋势。

4. 美欧等发达国家的宏观经济政策客观上起到了推动经济全球化发展的作用。20 世纪 80 年代，美国为了抑制通货膨胀，不断提高利率，结果银行业收益明显提高。这引起了外国资本大量流入美国，并推动美元升值。当时的总统里根非常欢迎这种趋势，并在国情咨文中宣称美国将成为“全球资本投资的乐园”。美元升值，美国企业到其他地方投资就会占便宜，美国企业便把一部分生产转移到亚洲国家，企业外包（即把生产部分包给其他企业，自己只负责最后组装或销售）成为大趋势。但这一切都伴随着对制造业的严重打击，制造业日益凋敝。直到 1985 年，里根政府不得不与西欧及日本商量对策，最后在纽约的广场饭店达成了“广场协议”，美元贬值、日元升值。

广场协议后，美元长期贬值造成了美国制造业的复苏，东亚其他国家与地区的通货与美元挂钩也间接受益。日元升值造成日本制造业的衰退，日本制造业转而生产高附加值的产品，并扩大海外投资，东南亚一些国家吸收了日本企业的投资，亚洲经济增长世界瞩目。

向发展中国家转移生产，使西方国家企业利润大增；金融自由化使企业在资本市场上筹资更加容易，降低了融资成本，企业扩张更快。在这一过程中，跨国公司成为最大的赢家。

## 二、表面繁荣掩盖的劳动收益下降

随着美国企业生产的转移，美国社会发生了很大变化，社会分配差距拉大。而美国政府的政策又放大了这种差距。

1. 美国劳工谈判的能力下降。美国企业向发达国家转移生产，使发达国家国内的劳资谈判向资方严重倾斜。当劳工方提出提高工资的要求时，资方总是会拿出转移生产相威胁。劳工方失去了谈判的筹码后，美国劳动力平均工资多年停滞。

事实上，按通货膨胀调整后的美国工资，普通美国人的工资收入与20世纪70年代相比并没有提高，有些行业反而有所退步。到2000年12月，美国企业中小时实际工资的平均水平仍没有超过1968年9月的工资水平，比1979年的最高点低5%。中产阶级家庭的收入在1989—1995年间也有少许下降。直到1998年，其收入水平才刚刚比1989年的收入水平高4%，比1979年的收入水平高8%。20世纪90年代美国的财富分配更令人咂舌。1990—1992年间，占总人口20%的上层人群占财产净值总额的百分比从59.6％上升到62.9％，而80％的底层人口所占的比例则相应下降。在1993—1999年中，贫困率仅下降了3.3％；而在1960～1973年，贫困率则下降了11.1％。1999年，美国的贫困率水平仍高于1979年的水平。

2. 美国政府的政策扩大了社会贫富差距。从里根政府开始，美国政府依照经济学中的“供给学派”提供的理论，从政策上不断给富人减税。根据这种理论，减税后富人会更倾向于消费和投资，会刺激生产，创造就业，最终政府也能从更快的经济增长中得到更多的税收。

然而，为了保持一定程度的预算平衡，从里根政府起，美国不断削减社会福利项目，以减少政府赤字。当社会出现抗议浪潮时，里根政府又不惜动用军队来代替工人，以打击和瓦解工会。结果，随着制造业的萎缩，工会势力不断下降，美国贫富差距的程度急剧上升。

在制造业投资越来越难以获利时，从20世纪80年代起，美国资本开始大量转向服务业。服务业没有工会组织，容易得到资本的青睐，因此非制造部门迅速扩张。批发和零售商业是20世纪90年代美国最有活力的部门。美国新闻界的解释是，这两个部门由于大量使用了电脑、互联网等新技术，大大提高了劳动生产率。但美国新闻报道不太提的是，这两个行业的劳动成本在很长时间内一直保持在极低的水平。1993年，一线生产工人和非管理工人的实际工资（不包括津贴）仍然比1973年的战后最高水平低17％。在这个起点上，1993—1999年，批发和零售商业部门凭借投资的高增长率达到了税率增长的顶峰，并相应提高了利润率水平（批发商业利润率提高了50％，零售商

业则提高了 33%)。[①]

3. 美国的货币政策促使金融泡沫不断腾起又破裂。从发展中国家进口的产品价格低廉，压低了通货膨胀率。美欧等国家的央行下调利率，进一步刺激金融市场的发展。金融市场的繁荣进一步推动了消费增长，繁荣掩盖了不断增长的债务。金融市场的繁荣表现为一波一波的泡沫出现与破裂。

美国的税法规定，对资本收益的征税率要低于对股息红利的征税率，而且它允许公司完全注销利息支付。美国公司充分利用了法律上的这种规定。从 1994 年到 1998 年，非金融公司回购股票的年价值翻了 3 倍；从 1997 年到 2000 年，非金融公司回购股票的年价值总额达到了 2202 亿、2995 亿、2613 亿和 2464 亿美元。[②]公司购买股票的做法符合公司高管们的利益，因为随着股价的上涨，他们所持有的企业优先股也跟着增值；技术公司里的一些高级雇员们也很高兴，因为他们也分得了一些优先股。

由于美联储提供了宽松的信用供给环境，非金融公司的金融活动滋生蔓延。这些公司不仅回购自己的股票，还购买其他公司的股票。不断增值的股票增加了企业的账面资产，反过来又扩大了企业的贷款能力。这样金融泡沫便拥有了自我膨胀的力量。

当金融泡沫腾起时，各种投资机构纷纷允诺更高的投资回报率，人们往往就忽视了投资的风险。而且，投资机构弄出的投资组合又那么复杂，一般人根本看不懂。就在这种“非理性

---

① 布伦纳上引书，第 227 页。

② 布伦纳上引书，第 142—143 页。

的狂热”中，隐藏了各种金融欺诈。危机爆发后，美国揭露出了各种金融欺诈案，赫赫有名的就有纳斯达克股市前总裁麦道夫及斯坦福的巨额诈骗案。

当股市面值不断上涨时，美国政府从股市上得到的税收也不断增长，以至于1998年，克林顿政府甚至实现了政府预算的盈余。但与此同时，私营经济部门的赤字——代表家庭和公司使用贷款来支付消费的程度——的增加幅度却要更大些。在20世纪90年代初，美国私营部门的收支盈余一直占GDP的5%左右，但到2000年，该部门的收支状况发生了逆转，赤字占了GDP的6%，也就是说，10年内，该部门的消费借贷上升了11个百分点。可以说，从那时起，美国经济增长对私人负债规模的依赖不断扩大。[①]

当2001年信息技术泡沫破裂后，美国一度陷入了衰退。但在美联储主席格林斯潘数次猛降利率后，美国的房地产泡沫再度腾起。银行开始给那些没有购买力的人也贷款，让他们买房。这些保险系数不高的贷款被称为“次级贷款”，因为风险高而被银行打包当做金融资产卖到市场上去。格林斯潘当时非常推崇“次贷”，把它称为重要的金融创新。

## 三、政策失灵与政治合法性危机

进入20世纪90年代后半期，美国经济表面看似乎很繁荣，

---

① ［美］布伦纳《繁荣与泡沫——全球视角中的美国经济》，经济科学出版社，2003年版，第172页。

但美国社会的严重分配不均给这种繁荣埋下了垮台的种子。当房地产泡沫破裂后，美国就面临着政策失灵与政治合法性受到质疑的双重危机。

1. 美国房地产泡沫的破裂成为压垮骆驼的最后一根稻草。20 世纪 90 年代后期，美国的银行与金融机构把盈利的宝押在了私人债务不断增长上，用各种方法让个人借钱消费，再把个人债务打成包，让各种债务掺在一起，最后再通过市场卖给其他机构。这种债务交易构成了 20 世纪 90 年代后美国债务市场上的主要交易，并被戴上了“金融创新”的桂冠。

银行的创新就是扩大债务，它们的债务花样翻新，相对它们拥有的可支配现金来说不断增加。控股公司的创新就是想出办法来增发更多的债券和优先股，用收回来的现金再去购买其他公司的股票。20 世纪 80 年代后兴起的企业兼并潮更是典型的金融创新。当有些企业收益不好、股票卖不动时，金融公司就把它们包装成高风险、高回报的垃圾债券，放风说有些大公司要收购它们。投资者们闻风而动，赌的就是这些企业未来会被人以更高的价格买走。

然而，2006 年至 2007 年，当美联储提高利率以防止通货膨胀时，那些借了次级抵押贷款购买房屋的人就一下子落入了债务陷阱。当美联储提高基础利率后，这些次贷的利率迅速上升，许多收入不高的购房者当然就还不起贷款了。违约——收回抵押品，这种房产在银行与客户之间的换手导致了房地产泡沫的破灭，随即房地产这种抵押品价值大幅缩水。银行与其他信贷机构的坏账叠出，这些公司的股票又大幅下降，公司的流动性短缺，但在市场上再也借不到可以周转的资金了。于是，次贷

导致了全面的经济衰退。

2. 政府的债务危机引发了政治与经济危机。金融机构的大量坏账需要政府出面弥补，一方面美国财政部拿出了几千亿美元救急；另一方面美联储出面，用定量宽松的说法，增发上万亿美元的新货币，把银行系统中的坏账置换到了手中。这一切救了美国的银行，但却使政府的负担节节攀升。同时，这种做法也引起了美国社会的极大反弹。

从 20 世纪 90 年代以来，美国家庭所获得的 80％的金融资产收益，以及几乎全部的“私人收支赤字”，都发生在最富有的阶层内部，而且主要是金融业人士。因此，当危机爆发后，美国舆论指责金融界的声音很大。然而，靠政府的救济，金融界不但没受什么损失，有些机构还乘机发了财。于是，美国政府的合法性就受到了质疑。从 2011 年 9 月中旬以来，“占领华尔街”的群众运动从纽约扩大到华盛顿，再扩大到其他城市，充分表现出美国民众对政府政策的不满。正是在这种背景下，传统的共和、民主两党政治开始走极端化路线，遇到政府提案时，议会坚决反对。政府采取政策的效率下降，两党政治僵持不下，美国经济走出危机的前景因政治因素而显得遥遥无期。

3. 美国经济复苏乏力，财政负担会越来越重，债务便成了定时炸弹。美国仍未走出衰退的阴影，失业率仍居高不下，投资率没多少增长。在这种背景下，政府的公共开支对维持经济增长起着不可或缺的作用。但根据两党达成的协议，政府却要被迫大幅削减开支，未来美国经济不会快速恢复。哥伦比亚经济学教授、诺贝尔经济学奖得主斯蒂格利茨指出，现在讨论美国经济是否符合经济学定义上的衰退（即连续两个季度的负增长）已经没有意义，美国经济已经陷入了一种高失业、低增长的困境，而由此造成的财政收入减少和债务不断增长却会成为常态。

4. 虽然削减政府开支也涉及到军事开支的减少，但削减最多的属社会福利开支。这满足了一些右翼共和党人的要求，但却使社会不公平更加明显。奥巴马政府虽然提出要恢复对富人征税，但能不能在国会通过仍是个悬念。另外，2011 年奥巴马政府与国会达成的提高债务上限的谈判，是以未来穷人享受的社会福利会下降，特别是老年人的养老金及福利会缩减为前提的。在危机中削减社会福利会加剧民众的社会不公感，会引发社会动荡，英国发生的事情很有可能在美国重演，这会引起经济的损失、投资的下降及经济的衰退。

5. 统计证明，社会中最大的消费群体其实不是富人，而是中产阶级。美国的中产阶级在金融危机中已经受到重大挫伤，而未来如果他们的社会福利一再降低，中产阶级的消费能力会进一步下降。美国经济的动力主要来自消费，如果未来消费持续疲软，美国经济则很难找到新的增长点。如果经济缓慢恢复，通货膨胀压力逐渐加大，美国政府财政收入能力再持续下降，剩下的只有扩大债务来维持政府运行。但在已经非常大的债务基础上继续扩大债务，这种做法会越来越遭到外国投资者的怀疑。

6. 美联储搞了两次量化宽松政策，但第二次的效果要明显弱于第一次，而且从美国投资的情况来看，大量增加流动性并未促使投资大增。这不由得使人想到英国经济学家凯恩斯当年的假设，即流动性陷阱的道理。由于名义利率不可能为负，因此当利率已经降到最低时，刺激经济的功能就没有了。由于流动性偏好，人们在衰退时仍然喜欢手握现金，不会马上投资，所以当经济陷入流动性陷阱时，货币政策是失效的。在经济全球化的背景下，流动性陷阱应该有新的解释。那就是，当美欧等发达国家的经济增长前景不好时，这些国家中央银行释放出的大量流动性资金没有流向本国的投资市场，因为这些国家的企业并不看好本国市场。统计表明，发达国家的直接投资并没有随着货币政策的放松而扩大，而是流向了新兴市场，加重了新兴市场的通货膨胀压力。

## 四、西方舆论想把危机原因栽赃到中国头上

随着危机的演化，美国舆论开始指责中国，认为是这场以中国为中心的全球化造成了西方的制度性危机。比如，美国国会中国经济与安全审查委员会的首席经济学家珀利（Thomas Palley）就撰文指出，以中国为中心的全球化对美国的经济与地缘政治安全都构成了全面的挑战，使美国处于极度不利的国际地位。

珀利承认，全球化是美国及欧洲的发达国家搞起来的，并引诱一些发展中国家很快参与了这场全球化。但是，由于中国的参与，这场全球化偏离了西方国家设计的轨道。他认为，从2001年至2007年，美国对华贸易逆差引起了大量的劳动岗位的转移，美国经济为此失去了230万个就业机会。这些现象在美国50个州均有不同的表现，涉及各种行业，使美国工人每年平

均失去 8146 美元的收入。[1]

他认为，把中国卷入全球化加快了中国工业化的进程，一方面加强了中国的军事、工业能力；另一方面削弱了美国的安全，美国长期依赖从中国进口制成品，使美国的设备不在运行状态。如果爆发大规模、长期战争，美国的工业就无法应对那些局面。而且，他认为中国参与全球化获得了大量的贸易赢余，获得了大量的外汇储备，购买了许多美国国库券。中国大陆与香港官方掌握的美国国库券被认为有 1.278 万亿美元，占公众持有的国库券的 11.8%。这构成了美国金融的软肋。当然，珀利也承认美国已经采取了预防措施，监督市场上抛售美国国库券的行为，必要时可以“冻结”中国的资产，像美国对付伊拉克、利比亚和伊朗一样。珀利不忘提醒美国当政者注意，中国掌握的美国政府资产越多，对美国政府未来政策的影响力就越大。他引用 1956 年英法联手干预苏伊士运河事件的例子说明，美国总统艾森豪威尔就利用美国掌握的大量英国债权对英国政府施加压力，逼迫英国军队撤出了苏伊士运河并把运河经营权交还给了埃及。

传统上，西方经济学家都是把全球化当做一种双赢的游戏来分析的，认为全球化的逻辑会使发达国家（投资方）和新兴经济体（劳动力提供方）都获利。而珀利是把中国参与全球化当作一种零和游戏来分析的，认为中国力量的崛起就是潜在或实质性地损害了美国的地缘政治利益与经济利益。他认为，中国经济乘全球化之风迅速崛起，制造业能力大幅增长，财政能

---

① Thomas Palley，“The economic and geo-political implications of China-centric globalization”，New America Foundation，February 2012.

力迅速加强，这从三方面加强了中国的吸引力。

其一，中国的制造能力加强，对其他国家的吸引力加强，中国的地缘经济力量便得到了强化。比如，中国从海外进口大量的能源与原材料，使一些原料生产国对中国的依赖大增。反过来，这些国家又从中国进口大量的制成品，成为中国出口市场及附庸。

其二，以中国为中心的全球化使中国成为世界工厂，成为最终制成品的组装基地，也就是成为世界产业链上不可缺少的一环。这种格局的结果是，如果损害中国，就会损害上游零部件供给国，也会损害下游消费国。

最后，随着中国加工能力的加强，中国财政能力也在增加，使中国在关键时候可以出手援助一些国家，收买一些国家的支持，制造出某种金融上的依赖关系。

反过来，珀利认为，以中国为中心的全球化也从两个方面削弱了美国在全球、特别是亚洲地缘政治格局中的地位。一方面，中国成为许多产品的唯一出产商，缩小了美国从其他地方进口的回旋余地。这使美国更加依赖中国，使美国面对中国供给可能出现的中断不堪一击。另一方面，由于全球化使东亚形成生产链，东南亚国家生产零部件，最终运到中国组装，再运往美欧市场。它使东南亚国家更加依赖中国市场，增强了中国的地缘经济实力。而由于东南亚是美中地缘政治角逐的场所，这些经济重新定位的活动肯定会削弱美国在该地区的地位。

且不管珀利的分析有多少道理，把全球化引起的危机归咎于中国肯定会成为未来的一种趋势，而对因此而可能产生的各种后果，我们现在就应该开始警觉。

## 五、全球化发展的前途坎坷

经济全球化带来的是财富的重新分配，美欧等发达国家的企业是全球化的最大受益者，因为它们获得的利润最大，而大企业的高管们更是受益匪浅。但是，企业在向海外扩张的同时，美欧等国国内却出现了产业空洞化，“非工业化”等趋势，就业形势严峻。随着金融危机的深化，美欧等国政府调控主权债务的能力下降，未来社会与政治危机可能会迭加。

1. 美欧跨国企业的利润和经营日益与本国经济脱钩。美欧虽然陷入了债务危机，经济复苏前景暗淡，但美欧的大型跨国企业日子却不难过。事实上，从 2008 年金融危机爆发以来，美国企业的利润增长得很快。截至 2011 年第 1 季度，美国企业总体年化净利润为 1.45 万亿美元，成为历史上利润最高的一个季度。2010 年时，企业净利润已经从 2008 年的历史低点 1.05 万亿美元增加到 1.41 万亿美元，涨幅为 34.29％。[①]

其实，美国企业的收益这么好，很大程度上要归功于美国企业在海外的投资，特别是在新兴市场的投资。以美国对华投资为例，2008 年，美国企业对华投资的平均收益率为 33％，远高于它们在其他市场的投资。欧洲一些企业的利润增长也来自于新兴市场，特别是来自于中国。像大众奥迪汽车公司的利润的 1/3 来自中国市场，超过德国本土市场五成。

① 《还原债务危机下真实的美国——“穷政府＋富企业”的组合》，第一财经研究院系列研究报告第 14 期（2011 年 8 月 1 日）。

随着全球化的发展，美欧企业的海外赢利均超过了国内。以美国为例，2007 年，美国企业海外赢利 8840 亿美元，超过了国内赢利的 7140 亿美元。到 2008 年，美国企业海外赢利 9563 亿美元，国内赢利 5320 亿美元，海外赢利已是国内赢利的 1.8 倍。从 1999 年至 2008 年，美国企业海外赢利的年增长速度为 18%，2008 年美国企业海外赢利 9563 亿美元，相比 1999 年的 1819 亿美元增长了 5 倍多。

美欧等国大型跨国企业的投资与利润都发生在海外，由于产地的原因，税收也向海外政府倾斜。这就造成了本国资本市场与本国经济进一步脱钩。股市反映的是企业的经营业绩，业绩好的企业股票价格就上扬。如果上扬的企业股票占多数，市场气氛就会造成股票整体上扬。但美欧企业的业绩主要来自海外，所以当美欧本身经济不景气时，企业的业绩没有太多影响，所以美欧股市的表现要好于美欧整体经济层面的表现。

1. 缺少国际合作的意愿，美欧国家滥发钞票似成主流，通货膨胀及由此而引起的政治与社会动荡会成为美欧国家下一阶段的主题。2008 年金融危机爆发时，20 国集团曾调整政策，防止经济衰退。但面对未来的债务危机，它在协调各成员国的宏观经济政策上可能遇到越来越多的困难。

许多国家都意识到，美元在国际货币体系中占有某种霸权地位，使得美国在对付危机的过程中可以把部分负担转嫁到其他债权国头上。因此，它们希望美国能负起责任，执行更加负责的货币政策。但美国却认为，危机的根本原因是全球经济失衡，而为了恢复平衡，新兴经济体必须承担更大的责任，特别是贸易顺差大国中国，不仅应该让人民币加快升值，而且应该扩大进口。其实，从2008年金融危机以来，中国扩大的进口已成为许多国家经济回升的重要引擎。但中国不可能像美国希望的那样去处理人民币的汇率及资本市场的开放节奏，因此在这些问题上不可能迅速达成一致意见。

欧洲大陆国家呼吁要对跨境的金融活动征税，这是美国经济学家托宾很久以前提出的一种假设，认为它可能会遏制短期金融投机行为，但不会影响长期投资。但美英等国根本不会同意，因为国际金融活动是它们经济的主要成分，也是利润与税收的主要来源。如果实行“托宾税”吓跑了国际投资者，伦敦和纽约这两个国际金融中心会是最大的受害者。

如果未来世界主要经济体间达不成国际合作，世界各大经济体很有可能各自为政。美国有可能通过进一步放宽货币政策来解决债务问题，第三轮量化宽松似乎呼之欲出。其实，历史上各国政府都曾借助于通货膨胀来解决主权债务问题，特别是国际体系中的霸权货币拥有国很容易借此来摆脱债务困境。两次世界大战中的英国如此，美国在20世纪70年代也靠此法解决相对西欧及日本积累的大量债务。当西欧国家抱怨美元贬值给它们带来的问题时，尼克松政府的财政部长康纳利却回答了一句历史名言：“美元是我们的货币，是你们的问题。”因此，未来美国会大印钞票，借此来摆脱债务困境肯定是趋势。

欧元区一些成员国的债务受到金融投机的压力很大，加大了它们违约的几率。于是市场上这些债券的收益率不断攀升，加大了这些经济体的筹资成本，经济衰退迫在眉睫。为了缓解压力，欧洲央行开始购买问题国家债券。虽然市场在欧洲央行的干预下暂时稳定，但这种行为与美联储的行为一样，也属

“印钞票”的行为。

日元的升值压力巨大，日本政府已经表示要采取一切手段来防止日元进一步升值。看来，仅通过财政部借债出售日元来压低日元汇率解决不了问题，最终日本央行也会通过“印钞票”来压低日元汇率。

世界主要发达国家如果都采取印钞票的方法来度日，全球经济某种程度上重现20世纪70年代的高通胀、低增长的可能性大增。在这种背景下，未来世界的不确定性大大增加：发达国家的政治领导人的合法性受到质疑；意识形态的缺失（民主加市场逻辑的破产）；各国中反对政府的力量在上升，但反对派中分歧巨大，形不成未来世界的主流。低增长、高通胀、高失业率、低效的政治体制、躁动不安的社会群体，这些现象可能成为未来世界的发展趋势。

2. 中国等新兴经济体在经济全球化中发展迅速，但也面临许多挑战。中国要防止落入“中等收入”陷阱，必须在未来的发展中注意以下的几个问题。

（1）继续提高经济的整体增长能力，减少对发达国家市场的依赖。欧美国家的债务情况短期内不会好转，发达国家注定要过一段“苦日子”。只有紧缩财政，增加储蓄，提高竞争力，才能最终走出危机。而新兴经济体这些年的快速增长，与向发达经济体不断增加出口是紧密相关的。最终出口市场的萎缩，势必要影响到新兴经济体的未来发展方式。因此，扩大内需与转变发展方式是保持经济未来持续发展必须走的唯一道路。过去，有许多经济体已经进入了中等收入国家水平，但由于对外部市场的依赖太大，受到外部冲击时无法迅速调整经济，结果

陷入危机而不能自拔，失去了发展的机会。

中国处于工业化加快时期，城市化的发展也在加快。作为“世界工厂”，中国承受的输入型通货膨胀压力肯定要超过发达国家，因为它们的非工业化，经济主要以服务业为主，受原材料、能源价格等上涨的影响要小于以制造业为主的国家。美国及一些国际经济组织的经济学家们公开主张美联储放宽通货膨胀目标，把年均核心通胀指数定在4%～6%之间，而不是现在的2%。中国等新兴经济体的通货膨胀目标也该相应的有所变化，政府应花更大力气去解决通货膨胀带来的社会后果，比如扶助弱势群体，补贴某些领域的供给，等等。

（2）趁美欧等发达国家还在口头上坚持自由贸易及投资自由的情况下，我们应该继续推动贸易与投资自由化，在国际舞台上争取话语权。我们应鼓励大型跨国公司把更多的研发项目也转移到中国进行，进一步扩大它们在中国市场上的份额，同时也加强中国经济发展的实力。中国市场现在已经成为许多大型跨国公司最大或增长最快的市场，随着中国经济的转型，中国市场对这些公司的吸引力将更大。我们应该把这些“利益攸关方”变成我们的游说集团，鼓励它们在国际舞台上阐述中国经济的成功之道，阐述中国经济增长对世界经济增长的贡献。总之，这些公司在中国市场上赚了大钱，也该让它们为中国的“软实力”发展作出一点贡献。

（3）要保持稳步改革金融体系，逐步开放资本市场，绝不能让国际投机资本随意进出中国市场。同时，人民币国际化要有步骤地进行，不能为了“国际化”而放弃屏蔽投机资本的防火墙。逼人民币汇率升值似乎成为美国逼中国开放资本账户的

一张牌，而历史的经验证明，过早地开放资本账户会引起资本的大进大出，破坏汇率的稳定，影响实体经济的平稳发展。在美欧等发达国家都在维持宽松的货币政策，以解决金融危机后期的债务问题时，如果我们过早开放资本账户，大量的投机资本会乘虚而入。先在中国经济里造成巨大的资产泡沫，然后拔腿便跑，把泡沫破裂的后续困难留给中国。

（4）要正确处理好扩大内需与保持中国经济竞争力之间的关系。扩大内需要重新调整劳动与资本分配的比例，要使分配适当向劳动方向倾斜。但是，掌握好调整的程度非常重要。中国已经进入中等收入国家行列，生产成本迅速提高，而且劳动力供给也不再那么充裕，沿海来料加工集中的省份已经出现了招工难的现象。欧洲国家在债务危机中痛定思痛，已经决定要“节衣缩食”，缩减社会福利开支和名义工资收入，以提高它们的出口竞争力。过去，人们无法理解为什么有的国家工资成本比中国更低，却不能像中国一样吸引大量的外来直接投资。那是因为工资比中国低的国家没有中国这样高技能的工人与工程师，没有中国这样比较完备的基础设施。但是，欧洲国家不一样，它们有同样高技能的工人与工程师，有完善的基础设施，如果它们能进一步提高工作效率，降低工资成本的话，就会对中国形成巨大的挑战。中国经济要保持它的竞争力，保持它的吸引力，必须提高各部门的配合能力，持续提高劳动力的技能和效率。只有保证使中国的劳动生产率不断提高，才可能保持它在世界经济中的竞争力。

（5）中国企业在海外的投资迅速增长，但在鼓励中国企业“走出去”的过程中，要注意防范投资国的政治风险和国际市场上的价格风险，还要建立自己的销售网络，创造自己的品牌，尽量扩大利润链条上的增值部分。中国企业在海外的直接投资以开发资源为主，或是开发能源，或是一些重要的原材料。但这些投资既有政治风险，也有价格风险，而这些风险并未被走向世界的中国企业充分考虑到。比如，一些中国在海外投资可能没有考虑到当地的法律规定，就以“投资换资源”的方式签署了一些合作项目。而实际上，一些国家的宪法明确规定，它的资源是不可能作抵押的。有些“投资换资源”的合同是以几十年为期的，可能一旦换了政府某些合同就得不到承认。最近一些年来，国际市场上资源的价格居高不下。但资源的价格往往是以美元定价的，而美元汇率与资产价格又有一种反向联系。美国债务令人担心，美元疲软，资源的价格便很高。但如果未来美国改变货币政策方向，重新回归“美元坚挺”政策，资源的价格就会大幅下滑。20 世纪 70 年代的石油危机吸引了大量发展中国家去借美元开发石油，但到 80 年代美国开始实行美元坚挺政策后，石油价格暴跌，那些借美元开发石油的国家先后陷入了债务危机的陷阱。这些历史的经验值得我们记取。

全球化的发展使发达国家陷入了两难选择：不支持就无法受益于新兴经济体快速发展的势头；但进一步参与会使穷政府富企业的格局更难改变。中国受益于全球化，但要避免新的陷阱，比如因过多投资发达国家主权债务而被拖累，既丢失了货币主权又损失了财富。只要中国坚持并完善自己的制度，不盲目追随，中国经济势必在危机后得到更大更快的发展。

# 国际服务贸易发展的态势及其影响

黄丹涵

近年来，全球服务贸易发展出现了一些新特点，其范围与结构也在不断调整变化，服务提供的模式不断创新，使现有服务贸易多边规则与分类统计体系凸显局限性与不足。中国入世10年，在推动世界经济与服务贸易发展方面取得了令世人瞩目的业绩，在世贸体系中的地位作用显著提高，但服务贸易统计制度起步较晚，应加强对国际服务贸易多边规则与分类统计的研究。

2012年全球经济和贸易发展将继续呈现不确定性，中国的外贸出口面临更为严峻的风险与危机挑战，但在国际服务贸易总体回暖的状态下，中国的服务业和服务贸易具有较大的发展空间。

2011年，全球经济增长减速，发达经济体的复苏步伐显著放缓，国际市场需求疲软、贸易保护主义蔓延，国际贸易总体呈下行趋势。中国连续多年的国际贸易快速增长开始出现放缓的趋势，尤其是货物出口受到明显的冲击和压力。相对货物贸易而言，国际服务贸易总体趋于回暖，呈现出发展重心转移、结构变化、模式创新等态势和特点。现有的服务贸易多边规则

构架与分类统计体系凸显出局限性。2012 年，国际贸易环境更为复杂、多变、严峻，加快发展服务业和服务贸易对于实现中国的经济结构调整和保持国际贸易的可持续发展有着重要的意义。本文试图浅析近年来全球服务贸易发展的主要态势，及该发展态势对服务贸易多边规则、分类统计体系带来的挑战，对中国服务业和服务贸易的发展提供的相应机遇。

## 一、国际服务贸易发展态势与特点

服务业在全球经济总量中占有 70%的重要地位，服务进出口在全球贸易的比例达到 20%左右，并且以年均 9.3%的速度持续增长，超过了货物贸易 8.8%的年均增速。某种程度上，后危机时期国际贸易能否持续发展将一定程度上依赖于服务贸易的发展状况。世界贸易组织 2011 年公布的 2010 年国际贸易统计（以下简称 2010 年服务贸易统计）数据显示，在进入“后危机时期”的 2010 年中，由于国际贸易投资环境尚未摆脱危机的阴影，大部分服务贸易部门的服务出口总额尚未恢复到危机前的水平，但回暖势头明显。2010 年全球服务贸易出口增长了 9%，其中旅行收入增长了 8%；运输服务出口在经济危机时期下降了 23%，而 2010 年增长了 15%；金融服务出口在经济危机中急剧下跌，2010 年增长了 7%；计算机和信息服务增长了 13%。国际服务贸易发展态势总体趋好，全球经济结构以服务业为主导行业这一基本特征并没有因金融危机和经济衰退而改变，但全球服务贸易发展显现出一些新的特点，例如重心转移、结构变化、模式创新、不平衡加剧等。

欧美等发达经济体的服务业在其经济结构中占比普遍超过2/3，而发展中国家的服务业占比偏低，发展相对滞后，近年来虽有较快增长，仍与发达国家差距较大。美国的次贷危机引发了全球范围内对经济结构中服务业与制造业比例的关注与再思考，服务业与制造业比例的长期失衡被认为是引爆美国金融危机的因素之一。美国等一些发达经济体开始重新认识制造业的重要性，振兴现代制造业，逐步调整制造业和服务业的比例关系；而新兴经济体则在加快调整经济结构，提高服务业和服务贸易的比例。随着全球生产、消费与投资格局的不断调整和变动，全球服务贸易发展的重心开始向新兴经济体倾斜或转移，这一发展趋势显示，以“金砖国家”为代表的新兴经济体在全球经济复苏和国际贸易发展中的作用正在逐步加大。

国际服务贸易的范围与结构也在不断调整和变化，呈现出“制造业服务化、制造业信息化、制造业国际化、消费结构优化”等发展趋势和特点。服务业与农业、制造业相互关联与渗透，出现了现代农业服务业、制造业服务业等新的概念，早在中国入世的《加入议定书》附件3“服务贸易具体承诺减让表”（以下简称“承诺减让表”）中，“其他商业服务”项下已包括了“与农业、林业、狩猎和渔业有关的服务”。传统的服务贸易结构随着网络经济兴起和科技创新而发生改变，服务业信息化成为服务业升级的引擎；随着经济全球化和一体化，服务外包等跨国服务业的扩展推动了服务业国际化的进程；在刺激消费的经济政策带动下，全球服务贸易需求逐步增加，消费结构不断优化。值得关注的是，美国等发达国家在服务业信息化方面比较具有优势，通信、计算机和信息服务、金融、文化等智力型、技术型和高附加值的服务贸易相对发达，即使在金融危机重创之下，美国的金融服务出口 2010 年仍增长 5%。

从全球服务贸易出口的结构来看，呈现出结构变化及部门发展不均衡的态势。根据上述 2010 年服务贸易统计数据，旅行服务（旅游及与旅行相关的服务）占服务贸易出口总额的 25%，运输服务占 21.3%，“其他商业服务”（囊括广告、管理咨询服务、技术测试和分析服务、与农业、林业、狩猎和渔业有关的服务、近海及陆上石油服务、包装等其他服务）占 53.3%。尽管全球服务贸易总体回暖，金融、建筑服务等一些部门仍未走出危机的阴影，通讯服务出口 2010 年受价格下调的影响下降了 8%。而一些部门，如计算机和信息服务出口、特许权使用费及许可费收入超过了 2008 年的出口额。

从服务提供的地区分布来看，显现出地区发展更加不平衡及重心逐步转移的态势。根据世贸组织对 2010 年服务贸易统计的分析，欧洲和亚洲国家是服务贸易的主要提供者。例如，欧洲提供的“其他商业服务”占据了全球“其他商业服务”出口的 50%，旅行服务出口收入占全球旅行出口总额的 41.1%，尽管欧洲金融服务发展减速，但仍占据全球金融服务出口的 49%。亚洲提供的运输服务出口、旅行服务出口增长势头强劲，主要的运输服务出口国中，中国的运输服务出口增长 45%，韩国增长 33%，中国香港增长 28%，日本增长 23%。在旅行服务出口方面，亚洲国家普遍增长，其中中国澳门增长速度最快，2010 年增长了 53%，旅行服务出口跃居全球第五；中国大陆和香港分别增长了 15%和 35%。在全球建筑服务出口方面，中国是一枝独秀，2010 年建筑服务出口增长了 53%，而其他主要建筑出口国，例如欧盟、日本、韩国和俄罗斯，受经济萧条的影响，建筑服务出口普遍下降。从服务贸易发展势头来看，2000年以来，新兴经济体的整体发展速度超过了占国际服务贸易主导地位的发达经济体，后危机时期，新兴经济体的回暖速度也快于发达经济体。

从服务提供的模式上来看，随着服务业信息化与网络化的发展，服务提供模式不断创新，一些新型服务业的兴起打破了传统的服务提供模式的边界。作为1994年乌拉圭回合多边贸易谈判结果最后文件之一的《服务贸易总协定》对于服务贸易的范围和定义是比较广义而笼统的，泛指四种服务提供模式：自一成员领土向任何其他成员领土提供服务；在一成员领土内向任何其他成员的服务消费者提供服务；一成员的服务提供者通过在任何其他领土内的商业存在提供服务；一成员的服务提供者通过在任何其他成员领土内的自然人存在提供服务。这四种服务提供模式简称为：（1）跨境交付（cross-border supply）；（2）境外消费（consumption abroad）；（3）商业存在（commercial presence）；（4）自然人流动（presence of natural persons）。

在《服务贸易总协定》制定之时，受当时科技与信息技术发展水平所限，只能基于当时存在的主要服务提供模式加以归类区分。显然，服务提供模式的不断创新给上述世贸规则框架下的传统服务贸易模式分类带来挑战。例如，通过互联网实现的跨境服务提供可以轻而易举地超越实际存在的空间和时间的边界得以实施，甚至瞬间完成。许多过去在“境外消费”、“商业存在”与“自然人流动”传统模式下的服务贸易如今可以通过网络即时连接而实现，这种便捷模式下的跨境服务交易已发展成为现代服务贸易的主要模式，使得传统概念上的模式一（跨境交付）和模式二（境外消费）等分类边界变得模糊不清或交叉重叠，进而影响到相关世贸规则和入世承诺的适用问题。

## 二、国际服务贸易多边规则与分类统计

面对国际服务贸易的动态发展，尤其是服务提供模式不断创新，现有的服务贸易多边规则构架与分类统计体系凸显出局限性和不足。

从法律意义上看，世贸组织规则框架是建立在《马拉喀什建立世界贸易组织协定》（WTO协定）基础之上的，有关规范货物贸易和服务贸易的世贸规则主要体现在该协定附件一的三大协定:《货物贸易多边协定》(1994年关税与贸易总协定，即GATT等规范货物贸易的一系列协定)、《服务贸易总协定》(GATS)、《与贸易有关的知识产权协定》（TRIPS）。对各成员国而言，其加入世贸组织之时签署的《加入议定书》包括相关承诺均构成WTO协定的组成部分。中国入世十年来，在关税与非关税贸易措施方面均全面履行了世贸规则和入世承诺，在关税减让方面，不断降低了进口产品关税税率，迄今中国关税的总体水平已由15.3%降至9.8%；在非关税措施方面，中国入世以来根据《加入议定书》附件3“非关税措施取消时间表”，已经取消了所有不符合世贸规则的进口配额、许可证等非关税措施，大幅度降低了外资市场准入门槛，并且依据世贸规则修订了《中华人民共和国对外贸易法》，全面放开了对外贸易经营权。在服务贸易领域，中国依据《服务贸易总协定》和入世承

诺，结合中国经济改革开放的需要，入世以来陆续开放了100个服务贸易部门，其中一些部门的开放比“承诺减让表”承诺的时间还要提前，覆盖的范围更广。

《服务贸易总协定》建立了成员国针对服务贸易部门和服务提供模式作出承诺的构架。中国在“承诺减让表”中关于市场准入限制和国民待遇限制所作的承诺正是针对各相关服务贸易部门（或分部门）分别就这四种模式作出的。“承诺减让表”包括水平承诺和具体承诺，水平承诺适用于该减让表中所有部门；具体承诺则仅适用于特指的服务贸易部门或分部门。《服务贸易总协定》是建立服务贸易原则和规则的多边框架，具体部门的细分则使用联合国中央产品分类（CPC）的分类方法，中国入世“承诺减让表”涉及了专业服务、房地产、其他商业服务、通信、视听、建筑及相关工程、分销、教育、环境、金融、旅游与旅行相关服务、运输服务等部门，以及在各部门之下承诺所包括的分部门或CPC分类代码对应的服务。

某种意义上，对于服务贸易部门及服务提供模式加以“分门别类”区分是成员国作出入世承诺和履行承诺的前提，也是评估成员国的服务贸易措施是否在入世承诺范围内，符合世贸规则的依据。2010年9月，美国以其电子支付服务供应商（如visa卡）在中国受限为由向世界贸易组织提出了磋商请求，称中国人民银行自2001年以来发布了多项限制措施，使人民币支付卡交易业务由中国银联垄断，对外国供应商造成歧视，违反了中国关于开放金融服务业市场的入世承诺。由于磋商未果，2011年2月11日美国在世贸组织WTO争端解决机制的框架下提出就电子支付问题和中国对于美国的取向电工钢的双反措施问题，要求成立世贸专家组。对此，中国商务部明确回应，中国已履行了入世有关服务业的开放承诺，中国有关银行卡电子支付的措施是符合世贸规则的。电子支付的问题是涉及到信用卡服务的问题，也就是外资企业进入中国的电子支付服务业市场的问题。事实上，中国已根据“承诺减让表”完全履行了有关“银行及其他金融服务”项下的承诺。

美国针对中国接二连三启动贸易磋商或提起诉求是有着战略考量和背景的。对具有经常账户逆差的发达经济体而言，经济的复苏和增长需要靠“内部再平衡”与“外部再平衡”两大动力的推动。在外部再平衡方面，“特别是美国，需要通过国外需求的增加来弥补低迷的国内需求造成的损失”。美国正是为了保护国内产业，增加就业，扩大国外需求，增加出口，推行了各种形式的贸易保护主义措施和对外经济扩张战略布局。一方面加大对中国出口产品的反倾销、反补贴和保障措施力度，抑制中国产品进入美国市场；另一方面，以要求中国履行世贸规则和入世承诺为名，借助世贸组织WTO争端解决机制对中国频频施压，例如针对中国人民币汇率政策、互联网管理措施、银行卡电子支付措施等挑起争议，以达到抑制中国出口、扩大美国货物及服务出口的目的，尤其是在金融、互联网通讯等美国比较占有优势的领域，谋求更多的外国市场准入机会，以扩大服务出口。事实上，中国在服务贸易领域不仅履行了入世承诺，实际开放水平在一定程度上高于入世“承诺减让表”的范畴，已接近发达国家的开放水平。从法律角度而言，对于成员国之间进一步开放的承诺，绝不是单向做出的，需要成员国通过协商谈判达成进一步共识。正如中国在入世“承诺减让表”中关于“通讯服务”部门的承诺注释中所阐明的，“本部门的进一步自由化，包括允许的资产参与水平，将在新一轮贸易谈判的服务贸易谈判中进行讨论。”中国入世十年来，积极参加和推动多哈回合的多边谈判，包括服务贸易的进一步开放谈判。当前，旷日持久的多哈回合谈判处于关键时刻，“为确保贸易能够继续推进全球复苏，政策制定者们应继续抵御贸易保护主义的压力”，“应坚定信念”，推动世贸组织多哈回合谈判进程。在多边贸易体系框架下，成员国服务贸易的进一步开放进程将取决于多哈回合谈判的结果。

实际上，服务贸易的分类一直是世贸组织关注和讨论的问题，之所以长期难以形成进一步共识，一方面是由于服务贸易的诸多领域发展迅速且过于活跃，标准化的分类难以跟上服务贸易创新与发展的步伐；另一方面是由于任何新的分类共识均可能直接影响成员国根据传统分类已作出的承诺。对于一些新的服务提供模式，例如电子商务等各种新型网络服务，到底归属于服务贸易总协定框架下哪一类服务模式、哪一个服务部门或分部门，世贸组织范围内迄今尚无明确规则或共识。从法律和技术角度而言，服务贸易的分类是评判成员国相关措施是否符合入世承诺的依据和前提，而现有服务贸易分类模式和承诺架构本身存在的局限性与相对滞后在多大程度上会影响评判的客观性和公正性尚有待进一步关注和探讨。

服务贸易的分类方法不仅关系到成员国对于服务贸易相关部门的开放承诺，而且直接影响服务贸易的统计口径与数据分析。对于成员国的决策者来说，科学决策的一个重要基础是能够及时获得准确、全面的全球服务贸易统计数据以及本国的相关数据，从而能够客观、准确地掌握服务贸易发展的状况和走向。客观地说，全球服务贸易的统计相对于货物贸易统计发展滞后，其中一个制度因素是由于各种服务贸易统计方法与上述服务贸易的分类架构存在“接缝”，而且不同国际组织采用的统计分类也各有侧重，各成员国使用的统计口径不完全相符，导致统计上的某些差异或重叠，统计数据的提供难以达到及时、全面和准确。例如，国际货币基金组织（IMF）的服务贸易统计分类比 CPC 的分类相对较为笼统，主要基于居民与非居民之间支付平衡（BOP）的统计。自国际服务贸易统计手册的颁布和修订（MSITS2010）以来，一些成员国根据该手册制定或调整了本国的服务贸易统计分类，该手册如能在成员国当中普遍推广和使用，将有利于成员国服务贸易统计分类的趋同。目前，诸多国际组织均向公众提供服务贸易的相关统计数据，其中 WTO 颁布的上一年度全球服务贸易统计数据相对而言得到更广泛的认同，然而其统计尚未全面覆盖服务提供模式 3“商业存在”模式下的投资活动，况且统计数据主要来源于相关国际统计机构及各成员国的统计，不言而喻，难以及时、准确、全面折射全球服务贸易的动态。国际贸易统计的趋同问题已成为相关国际组织关注和研究的重点之一，例如在 2011 年底国际货币基金组织、世界银行与世界贸易组织首次联合召开的贸易研讨会上，三大机构负责人均表示应加强在贸易政策和贸易统计等方面的协调与合作，世贸组织总干事拉米特别强调了机构之间在监测、研究、统计等贸易相关领域协调一致的重要性。

## 三、中国服务贸易发展的机遇与重点

2011年是中国加入世界贸易组织的第十个年头，十年来，中国遵循世贸组织规则，全面履行入世承诺，在推动世界经济与国际贸易发展方面取得了令世人瞩目的成绩，中国在世界贸易体系中的地位和作用与十年前相比有了显著的提高。无论是货物贸易还是服务贸易均有了很大的增长，货物贸易额的全球排名由第六位跃居第二位，其中出口规模增长4.9倍，出口额跃居全球第一位；进口增长4.7倍。中国的服务贸易发展迅速，目前中国已成为全球第三大服务进口国、第四大服务出口国。随着入世以来上百个服务部门的陆续开放，中国的服务业持续增长，在国民经济生产总值中所占的份额由不到35%提高到中国国民经济和社会发展“十一五规划”设定的43%左右，并预期在“十二五规划”期间再提高四个百分点。

服务业是服务贸易发展的基础，一个国家的服务业产出在经济结构中的比重是与该国的经济发展水平相适应的。与发达经济体的服务贸易结构及发展水平相比，中国的服务业基础比较薄弱，服务贸易发展水平及速度受制于市场化、产业化、国际化和城市化的进程。整体来看，中国的服务业和服务贸易在服务部门、服务提供地区、服务业及服务贸易结构等方面存在着差距和发展不平衡的问题。这些问题也折射出中国在市场化、产业化、国际化和城市化方面存在的与发达国家的差距。因此，大力发展服务业首先需要找出制约服务业发展的症结和推动服务业发展的增长点，根据经济改革和对外开放的总体战略予以全面规划，确定服务业优先发展的重点。

近年来，为加快服务业的发展，中国政府先后出台了一系列指导性文件，例如《国务院关于加快发展服务业的若干意见》(2007年)、《国务院办公厅关于加快发展服务业若干政策措施的实施意见》(2008年)，《国家发展改革委关于开展服务业综合改革试点工作的通知》(2010年)等。根据国家“十二五规划”提出的服务贸易发展蓝图，中国商务部会同33个部委制订了《服务贸易发展“十二五”规划纲要》(简称《规划纲要》)，2011年9月27日发布，进一步明确了扩大贸易规模、优化贸易结构、提升开放水平、增强国际竞争力、区域协调发展五个方面的服务贸易发展目标，其中设定了贸易规模和贸易结构2015年达到的两个量化指标：“服务进出口总额达到6000亿美元，年均增速超过11%”；“通信、计算机和信息服务、金融、文化、咨询等智力密集、技术密集和高附加值服务贸易占服务出口总额的比重超过45%”，这两个指标将成为衡量我国“十二五”期间服务贸易发展的规模总量、增长速度以及结构优化程度的标杆。

《规划纲要》根据我国服务贸易部门的发展基础和结构优化目标，选择了30个领域作为“十二五”时期服务贸易的发展重点，这些领域涵盖了中国具有比较优势的传统服务贸易部门和需要大力培育的智力密集型、技术密集型和高附加值的服务贸易部门，为各省市、地区及相关行业采取相应的扶植措施提供了方向和依据。为突出不同区域的发展重点及兼顾区域协调发展，《规划纲要》根据各区域的特点与发展方向，进一步对区域发展重点和协调发展进行了统筹安排与布局。需要强调的是，各相关地区和行业，需要进一步根据《规划纲要》确定的发展目标和发展重点，结合本地区及本行业的比较优势或发展潜力，因地制宜，因业而异，确定相应的服务贸易发展重点和优先顺序。否则，离开不同地区及行业发展重点和优先顺序的差异化，培育30个重点领域的规划难以得到“重点”实施。

中国服务业的提升离不开国际服务贸易发展的大环境，我们应当密切关注和跟踪国际服务贸易发展态势和特点，善于发现新的增长点和潜在的机遇。例如，制造业服务化是实现制造业和服务业转型升级的重要途径。全球制造业服务化及重心转移的发展趋势，为中国的服务业和服务贸易发展提供了有利的外部环境，尤其为民营生产企业进行业务创新和企业转型升级提供了机遇。针对中国目前制造业和服务业的结构状况和发展水平，发展与制造业有关的服务和制造业服务化是实现制造业和服务业转型升级的重要途径，对提升中国的制造业竞争力和扩展现代服务业具有双管齐下的功效。生产企业可以根据自身的条件及所处行业的状况，以制造业为依托拓展服务业，或是选择通过主营业务转型及多元化经营服务业。在2011年底签署的中国《内地与澳门关于建立更紧密经贸关系的安排》（简称《安排》）补充协议中，新增加了三个服务贸易领域的开放安排，明确包括了“与制造业有关的服务”。可以预见，制造业服务化的趋势将有利于调整经济结构，促进“夕阳”生产企业转型，改变传统贸易方式，提升服务业和服务贸易的发展水平。

国际服务业和服务贸易呈现出的消费结构优化的发展趋势给中国的文化、电讯、旅游、IT等具有发展潜力和消费优势的服务产业带来新的生机。2011年10月18日，中国共产党第十七届中央委员会第六次全体会议通过了《中共中央关于深化文

化体制改革 推动社会主义文化大发展大繁荣若干重大问题的决定》(《决定》)，明确阐述了建设社会主义文化强国的战略，提出了到2020年文化改革发展的奋斗目标，其中包括文化产业成为国民经济支柱性产业的目标。在构建现代文化产业体系方面，《决定》强调了扩大文化消费内需和开拓国际文化市场两个文化产业发展的动力。《决定》勾画的文化产业发展蓝图不仅仅针对文化产业本身的发展，其中结合国际上服务业信息化的发展趋势和中国网络服务消费的快速增长，特别提到了要发展健康向上的网络文化，包括制作适合互联网和手机等新兴媒体传播的文化作品，打造一批在国内外有较强影响力的综合性网站和特色网站等具体措施。实际上，文化业与电讯业、旅游业、IT业等服务业的相互渗透与联动正在形成新型服务业的发展模式和概念，例如“文化旅游”已成为国内外旅游业主打的旅游产品之一，“文化创意产业”在全球正在成为跨计算机、美术、设计、网络服务等领域的热门行业。在文化强国的战略推动下，我国的文化产业必将迎来百花齐放的繁荣发展。有必要强调的是，文化服务业的大概念涵盖诸多分部门，如影视、广播、出版、宣传，等等，需要全面规划和突出发展重点，关注地区及部门之间的平衡发展与协调合作问题，切忌一哄而上。各地区各相关部门应保持科学的发展理念，结合总体战略和本地区本部门的实际情况全面规划，确定优先发展的文化服务业重点或试点领域，尤其是需要全盘考虑哪些文化服务及文化机构适合市场化、产业化、商业化、民营化；哪些服务仍需要保持公益性、非商业化等。

在世贸组织规则框架下，服务贸易的部门分类与服务提供的模式分类对于评判成员国的贸易措施是否违规以及评估服务贸易的开放度至关重要，而传统的服务贸易分类与现有的国际服务贸易统计体系难以适应国际服务贸易的发展趋势。对现有世贸规则和分类统计体系的局限性及其对服务贸易争议公正解决可能产生的影响，我们应有客观、理性的认识和应对准备。同时，中国应加快服务贸易统计制度建设与完善的步伐。中国在服务贸易统计制度自成体系方面，起步较晚，从2008年1月1日《国际服务贸易统计制度》实施起，迄今只有短短三年的时间。其间，商务部、国家统计局根据《国际服务贸易统计手册》（MSITS2010）的最新修订标准，并结合我国服务贸易统计的实践情况，及时对《国际服务贸易统计制度》进行了修订（自2010年8月1日起实施）。中国的服务贸易统计制度遵循和参照的国际标准主要是《国际服务贸易统计手册》、《服务贸易总协定》、联合国《国民经济核算体系》（1993 SNA）的有关标准。如前所述，现有国际服务贸易统计存在着多个“国际标准”，导致分类概念及统计口径不统一、不全面等问题；而国内的服务贸易统计涉及诸多行业部门，也存在着不同程度的数据分散、口径不一等问题。因此，十分有必要继续加强对国际服务贸易多边规则与分类统计的研究，加大与相关国际组织和外国统计机构的交流与合作，建立健全国内各相关服务贸易统计部门之间的长效协作机制与数据共享平台，不断完善中国的服务贸易统计体系，力求及时、全面、准确反映全球和中国的服务贸易发展态势，为科学制定服务贸易政策提供客观、可依赖的依据。

2012年，欧洲债务危机的发酵将加大全球经济复苏的不确定性，北非及中东部分地区的局势动荡继续为国际贸易环境添加不稳定因素，美国及其他遭受危机的经济体在难以靠国内需求实现充分增长的情况下，“必须增加出口，而这也意味着，世界其他地区的净出口必须减少”。全球经济和贸易发展将继续呈现不稳定、不确定、不平衡的态势，各种形式的贸易保护主义将继续蔓延，针对中国的贸易保护措施攻势不会减弱。中国的外贸出口面临着更为严峻的风险与危机的挑战，尤其是货物出口贸易增长很可能下滑。从另一角度看，国际服务贸易发展的趋势为包括中国在内的新兴经济体提供了发展服务业的机遇，货物出口面临的压力和挑战也可以转化为调整经济结构和贸易方式的动力和契机，某种程度上有利于服务业和服务贸易的转型和调整。在国际服务贸易总体趋于回暖的良好发展态势下，中国的服务业和服务贸易无疑具有较大的发展空间，我们应当根据经济改革和对外开放的战略规划与部署，及时把握机遇，“扩大服务业开放，积极承接国际服务业转移，加快发展服务业特别是现代服务业”。在大力发展国内服务业的同时，继续推动多哈回合谈判进程，并积极利用各种诸边、双边经贸合作平台促进国际服务贸易的可持续发展。

# 南海争端与东亚安全秩序的博弈

## ——兼谈中国的对策

张 洁

2011年南海问题持续升温，不仅越南、菲律宾等声索国立场强硬，以美国为首的域外国家也纷纷干预，试图联手制衡中国。而中国仍然试图通过多种方式宣称和平解决南海争端的立场，但成效有限。未来，南海争端将是影响中国周边安全环境最主要的因素。因为，对于世界而言，南海争端的解决方式将是检验中国崛起路径的试金石。

2011年，南海问题是影响中国周边安全最主要的因素之一，中越、中菲之间的摩擦不断，冲突升级，而以美国为首的多个国家对南海问题的干预，使得南海争端的国际化趋势进一步加快，南海问题已经成为诸多国家制约中国的“抓手”。对于中国，南海争端不仅是领土领海争端，而且对中国的和平崛起和构建理想的周边安全环境，具有重大战略意义。鉴于此，本文认为中国必须调整试图通过经济让利和双边谈判途径缓和南海局势的现有外交模式，制定清晰的海洋战略，统筹国内和国外两个大局，分层次、分区域地处理南海问题。

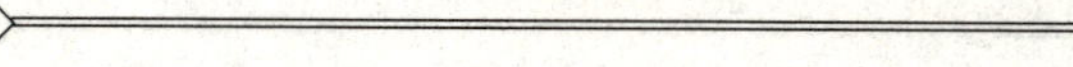

# 一、南海争端的新发展及其特征

在南海问题上，越南和菲律宾对中国抱有很深的疑虑，都试图限制中国在南海地区的影响力。抓住了这两个国家的政策和权利主张，也就理解了东盟国家在南海问题的极端要求和行为实践。

2011年，菲律宾在南海争端中的态度十分强硬，其在南海争端中的战略目标十分清晰，即通过拉拢美国、日本等国家，将南海问题国际化和复杂化，维护其对南沙岛屿的实际占有和既得利益，对冲中国随着实力增长对其形成的压力。

2011年，菲律宾频频出手，第一，继续采取行政、立法、外交和商业开发等多种手段固化对在南海岛屿占有上获得的实际权益。3月24日，菲律宾一家公司宣称完成对中菲争议海域油田勘测。4月，菲律宾常驻联合国代表团照会联合国海洋事务和海洋法司，质疑中方在南海问题上的有关主张违背了《联合国海洋法公约》。6月初，菲律宾外交部指责，中国船只在南海日益加强的活动损害了菲律宾渔民利益，危害了地区和平稳定，侵犯菲律宾主权和海洋管辖权，违反《南海各方行为宣言》。[①]同月，菲律宾将中国南海海域改名为“菲律宾西海”。7月初，菲律宾外交部长德尔罗萨里奥在访华期间，向中方建议将两国

① 对此，中国外交部发言人的回应是，中国不接受菲律宾关于南海问题的无端指责，参见“外交部：不接受菲律宾关于南海问题无端指责”，《新华每日电讯》，2011年6月8日。

有关南沙群岛争议提交国际海洋法法庭裁决。[①]

第二，加大了推动南海争端国际化的力度，借助外部力量试图制衡中国。这是菲律宾近年来在南海问题上采取的主要策略，并在 2011 年取得了一定的成效。在继续依靠美国支持的同时，菲律宾利用海上安全议题，迅速拉近与日本的关系。2011 年 9 月，阿基诺三世访问日本，两国首脑发表联合声明，明确表示日菲两国都认为，南海连接着世界和亚太地区，其和平与稳定至关重要，南海的自由通行需要得到保障。同时，菲律宾还与日本达成共享海上情报协议，日本同意出资训练菲律宾海岸警备队（Philippine Coast Guard，PCG）。[②] 本文认为，考虑到菲律宾海岸警备队的职责和执法范围，日本对其训练，将不可避免地会对中菲在南海的摩擦构成干涉。[③]

2011 年 10 月，菲律宾的两次外交表态突出表现了其国际化南海争端的战略意图。10 月 15 日《中越联合声明》发表后，菲律宾立刻对此表示反对，并且呼吁通过多边方式而不是双边讨论来解决南海争议。[④] 10 月 18 日，菲律宾军舰与中国渔船在中国南沙礼乐滩附近海域发生冲突，菲律宾外交部态度强硬，认

---

① “2011 年 7 月 12 日外交部发言人洪磊举行例行记者会”，参见中华人民共和国外交部网站，http：//www.fmprc.gov.cn/chn/gxh/tyb/fyrbt/jzhsl/t838790.htm。

② “Japan-Philippines Joint Statement on the Comprehensive Promotion of the ‘Strategic Partnership’ between Neighboring Countries Connected by Special Bonds of Friendship”，参见日本外务省网站，http：//www.mofa.go.jp/announce/pm/noda/joint_statement110927.html。

③ 参见菲律宾海岸警备队网站，http：//www.coastguard.gov.ph/。

④ “2011 年 10 月 17 日外交部发言人刘为民举行例行记者会”，参见中华人民共和国外交部网站，http：//www.fmprc.gov.cn/chn/gxh/tyb/fyrbt/jzhsl/t868253.htm。

为应该通过第三方来解决纠纷。

相对而言，菲律宾试图拉拢东盟在南海问题上制衡中国的努力并不顺利。突出表现在中国与东盟签定了《南海各方行为宣言》指针，并避免使用“多边”、“国际”等词语。对此，菲律宾外长在《指针》发表的第三天公然在东盟地区论坛上指责中国。之后，菲律宾联合东盟国家抗衡中国的努力仍未罢休，2011 年 9 月菲律宾又试图联合其他东盟国家共同应对中国在南海问题上的主张。[①]

第三，菲律宾通过购买军备和参加军事演习提高自身军事实力。2011 年 3 月，菲律宾宣布从美国购买一艘大型“汉米尔顿”级军舰，此举被分析为菲律宾意在南海争议区域加大“抵抗中国的筹码”。6 月 28 日到 7 月 8 日，菲律宾与美国在菲律宾巴拉望岛以东的苏禄海上联合军演“战备与训练合作”（CARAT），10 月 17 日，约 3000 名菲律宾和美国海军士兵在菲律宾全国多地进行了为期两周的军事演习，其中 10 月 27 日的军演包括在巴拉望省西部的一次海滩联合登陆作战，该地区正对南中国海，针对中国的意图昭然若揭。

2011 年，越南的南海政策呈现出复杂性和摇摆性。上半年，中越在南海的摩擦明显升级，但是从下半年开始逐渐缓和。2 月，越南外交部发表声明，要求中国删除“天地图”系统中关于中越在南海海上边界线的有关标注。[②] 5 月，越南在南沙群岛

① “2011 年 9 月 23 日外交部发言人洪磊举行例行记者会”，参见中华人民共和国外交部网站，http：//www.mfa.gov.cn/chn/gxh/tyb/fyrbt/t864229.htm。

② “2011 年 2 月 1 日外交部发言人洪磊举行例行记者会”，参见中华人民共和国外交部网站，http：//www.fmprc.gov.cn/chn/gxh/tyb/fyrbt/jzhsl/t791885.htm。

举行“国会代表”选举，越南政府强调国会选举是内部事务。对此，中国表示抗议，强调对南沙群岛及其附近海域拥有无可争辩的主权，越南在南沙举行选举侵犯了中国主权。

2011年5月底，中国渔政船与越南国家石油天然气集团（PetroVietnam）所属的油气勘探船发生冲突。之后，双方的外交抗议不断升级。越南外交部发言人阮芳娥（Nguyen Phuong Nga）称：“越南海军将采取一切必要手段，坚定维护越南的和平与独立，主权及领土完整。”[①] 6月5日，越南数百名示威者聚集在中国驻河内大使馆外，向中国提出抗议，这在越南是非常罕见的，背后明显有政府支持的因素。越南部分学者还要求越南政府向联合国投诉这起事件。6月9日，越南总理阮晋勇宣称对“黄沙群岛”和“斯普拉特利群岛”（即中国西沙、南沙群岛）拥有“无可争辩的主权”，越南方面将“继续坚定申明及表明越南全党、全国人民、全军保护这个国家海域和岛屿的最强决心”。这是此次中越纷争中越方表态的最高领导人。而中国认为，此次中国海监船对越南非法作业船采取执法行动，是完全正当的。中国要求越方立即停止侵权活动，不要再制造新的事端。[②]

2011年6月底开始，中越双方进行了一系列的高密度高层

① “中国与越南在南中国海事件上相互指责”，2011年5月30日路透社网站，http：//cn. reuters. com/article/CNTopGenNews/idCNCHINA-4378420110530? feed-Type=RSS&feedName=CNTopGenNews。

② “2011年5月31日外交部发言人姜瑜举行例行记者会”，参见中华人民共和国外交部网站，http：//www. fmprc. gov. cn/chn/gxh/tyb/fyrbt/jzhsl/t826744. htm。

互访，试图缓和在南海的紧张关系。[①] 直到10月中旬，越共中央总书记阮富仲访问了中国，中越签署了《关于指导解决中华人民共和国和越南社会主义共和国海上问题基本原则协议》和《中越联合声明》，对妥善处理和解决南海争议问题达成原则共识，中越双方在南海上的冲突终于有所缓和。

在通过政治途径缓和对华紧张态势的同时，越南仍然采取两面下注的手段，积极加强与非南海争端国的合作。2011年6月13日，越南在其宣称拥有主权的汉翁岛（Hon Ong）的专属经济区附近海域举行实弹演习。8月，美国“华盛顿”号核动力航母访问了越南岘港。9月，越南和印度宣布联合开发南海油气，其中有两个区块部分进入了中国管辖的海域内，构成了对中国主权的侵犯。[②]

菲律宾和越南在南海问题上的强硬立场有着深层次的原因，主要集中于三点：第一，国内政治的需要。越南国内矛盾尖锐，越方试图通过挑起南海争端转移矛盾。2011年5月22日，越南举行了五年一度的国会选举，从827名候选人中选出500名代表。在国会代表候选人中，90%左右来自越南共产党，但非共产党候选人明显增加。越共总书记在投票后认为，越南面对许多挑战，包括国民经济发展和“国内敌对势力”。在菲律宾，阿基诺三世虽然在2010年高票当选为总统，但是，菲律宾的弱政

① 2011年6月28日，越南领导人特使访华期间，双方就南海问题进行了深入沟通，双方一致同意通过友好协商解决争议，不采取使局势复杂化和扩大化的行动，并反对外部力量介入中越争议。9月初，中国国务委员戴秉国访问越南，并与阮善仁副总理共同主持中越双边合作指导委员会第五次会议。

② “印度越南在南海开发油气项目侵犯中国主权”，载《人民日报》，2011年9月22日。

府状态短期内很难改变，国内面临着经济发展的瓶颈。因此，强硬的民族主义立场无疑有利于其巩固国内的统治地位。第二，经济利益的需求。在越南经济形势恶化的情况下，南海石油、资源对越南国民经济的重要性进一步上升。近一段时间以来，越南经济形势急剧恶化，2011 年 5 月份通货膨胀率已发展为自 2008 年 12 月以来最严重阶段，达到 19.8%，而贸易赤字也达到过去 18 个月以来的最大额度的 17 亿美元。短期来看，越南经济形势还将恶化。越南自 2007 年通过《2020 年越南海洋战略决议》后，提出把越南建设成海洋强国。目前原油已成为越南最大宗的贸易出口品，油气开发是越南经济的重要支柱。2010 年越南国家油气集团总收入为 478.4 万亿越南盾（1 美元约合 2.1 万越南盾），约占当年越南国内生产总值的 24%。而越南每年出口的原油中有 27%出自南海有争议区域。[①] 第三，因国家实力的差距对中国国力增长产生的忧惧。受国内经济规模和发展速度的制约，越南、菲律宾等国仅仅依靠自身实力，显然无法与中国抗衡，因此，越、菲两国一方面加强自身军备建设，2011 年，越南的国防预算比上一年增加 70%，菲律宾的国防预算则比上一年增加 81%。今后，这种扩充军备的势头会越来越强，另一方面加强与美国的合作，成为它们制衡中国的有效手段。美国的高调重返亚太得到了菲律宾和越南的欢迎，菲、越希望利用中美争锋，从中渔利。

菲律宾与越南在南海争端中的目标有共同之处，也有很大的差异性。从既得利益来看，菲律宾和越南是占有南沙岛礁最

---

① “印度越南在南海开发油气项目侵犯中国主权”，载《人民日报》，2011 年 9 月 22 日。

多的两个国家，但是菲律宾从南中国海海域获得的油气资源十分有限，而越南在这一海域的油气收益则已经成为其海洋经济的重要来源。因此，菲律宾的目标更多是对实际占有岛屿权力的巩固，而越南则要兼得经济利益，这就决定了越南和菲律宾都依靠外部力量制约中国的同时，越南更需要与中国保持一定缓和的双边关系，确保经济利益受到较小威胁和损害，而菲律宾则无此忌惮，高调推行其国际化南中国海的目标，拉拢多方抗衡中国。应该说，在2011年，菲律宾和越南各自的目标在一定程度上都获得了成功。

## 二、美国的“雁形安全模式”与南海争端的国际化

2011年，美国抓紧进行战略调整，重心移至亚太，海上安全作为其在亚太构建“雁形安全模式”的主要“抓手”，得到日本、韩国、澳大利亚、印度等国家的积极配合，各国联手在南海问题上制衡中国的趋势明显加强。[①]

作为“雁形安全模式”的“领头雁”，美国通过两方面干预南海争端：一是强调南海海域的航行自由与通道安全；二是主张以和平方式解决南海争端。[②] 2011年6月，美国参议院通过决议，称中方在南海地区示强，各方应采取多边、和平手段解决有关争议，并支持美武装力量为维护南海自由通行采取行动。7

① 关于雁形安全模式，参见钟飞腾、张洁：“雁形安全模式与中国周边外交的战略选择”，载《世界经济与政治》，2011年第8期，第52—58页。

② 详细论述参见张洁：“南海争端与中国周边安全环境”，张洁主编：《中国周边安全形势评估（2011）》，香港社会科学出版社有限公司，2011年版，第81页。

月，在东盟地区论坛上，美国国务卿希拉里指出，美国仍然关注中国的航行自由问题，要求中国就“九段线”作出澄清与解释。10月，美国国务卿希拉里在《外交政策》上发表“美国的太平洋时代”，文中多次提到海上通道安全和南海问题，矛头直指中国。[①] 同月，新任美国国防部长利昂·帕内塔在访问印尼时，再次向该地区国家确保美国在亚太的存在，承诺美国不会因为削减国防预算而减少在亚太的前沿部署。11月，美国宣布在澳大利亚建立永久性驻军，外界普遍认为这一决定意在制衡中国。

2011年，日本和印度对南海事务积极介入，其动机一方面是因为它们与中国在海上的直接利益冲突，包括中日之间的东海问题，以及中印可能在印度洋出现的某种力量对峙，另一方面则是在试图与美国“合围”，利用南海问题制衡中国。日本与印度的手段具有相似性，即通过加强与南海争端声索国的合作介入争端。除了上文已经提到的日本、菲律宾加强海上安全合作之外，10月，日本新任外相玄叶光一访问新加坡、马来西亚和印尼，旨在深化与东盟各国在海洋安全合作问题上的关系。同月，日本与越南又签署了海洋战略安保协议，一致同意在南海问题上采取统一协调的政策，应对中国在南海主权问题上的强势动作。11月中旬，野田佳彦出席了东亚领导人系列峰会，宣布出资帮助印尼和菲律宾等南亚国家加强港口建设，并帮助提高南亚国家的船舶制造技术。野田还在这一会议上提出“海洋ASEAN经济回廊”构想，希望与东南亚国家达成共建共识。

① Hillary Clinton： “America's Pacific Century”，*Foreign Policy*，Oct. 11，2011.

而这一个“经济回廊”实际上是“环南海经济回廊”，显示日本全面介入南海问题，以确保日本在南海海域海洋与航行权益的立场。[1]

印度海军消息人士说：“中国将来会将重点从南海转向印度洋。为防备这一点，印度需要先下手为强。”这在印度是很有代表性的观点，从而也可以理解为什么印度在2011年一改过去的做法，主动趟南海这滩“混水”。[2] 印度的做法是，反对中国对整个南中国海提出的主权诉求，借南海争端加强与越南的合作，防止中国在该地区占据主导地位。印度前国防部长认为，从某种层面上说，这样的考虑很有道理：印度和中国作为正在崛起的强国，都不会为了打消对方往往并不真实的担忧而牺牲本国利益。不过，尽管两国经济关系非常密切，而且经常可以听到两国政府赞美两国友谊的论调，不过几乎没有人会怀疑印度和中国的崛起最终会导致摩擦这一点。[3]

将域外国家对南海争端的干预作为一个典型案例进行分析，可以清晰地看到美国是如何利用海上安全问题构造遏制中国的“雁形安全模式”。在这个梯队中，包括了南海争端的直接相关国家菲律宾和越南，也包括了域外国家日本、澳大利亚、印度等，它们分处于梯队中的不同层级，除了直接与美国保持紧密

---

① “日本媒体：日本南进战略全面包围中国”，2011年10月25日［新加坡］《联合早报》，参见 http：//realtime. zaobao. com/2011/10/111025_23. shtml。

② ［日本］新居益、若山树一郎：“印越联合开发南海意在牵制中国”，载《读卖新闻》，2011年9月17日。

③ Ishaan Thoroor，“Is This How Wars Start? India and China Now Feud Over the South China Sea”，*Time*，Sept. 19，2011，http：//globalspin. blogs. time. com/2011/09/19/is-this-how-wars-start-india-and-china-now-feud-over-the-south-china-sea/.

程度不等的安全合作关系外，彼此之间还存在密切而频繁的互动，而它们共同的目的，则是制衡中国。

在“雁形安全模式”中，地区组织是美国塑造亚太地区秩序最广阔的依托，其中，东盟的地位不言而喻。但是，南海争端以及中国航母的出现对东盟的内部团结造成了一定程度的挑战，南海争端的声索国与非声索国之间，声索国之间的声音并不统一，即使是印尼这样南海争端的直接利益攸关方，从东盟一体化的大局出发，以及自身谋求东盟领导权的考虑，也并不完全支持越南和菲律宾的强硬立场，反而在推动《南海各方行为宣言》的指导方针（下文简称《指针》）的过程中，发挥了积极作用，最终东盟同意在《指针》中不使用“多边的”、“国际的”等语言，对于中国而言，这是其坚持南海问题双边化政策胜利的产物。

对于中国航母的试航，东盟内部的反应也有相当区别。菲律宾军方虽然口头上说，“没有理由警惕”中国首艘航母，但同时马上强调，南海问题最好还是通过谈判来解决。越南则是，一方面，外交部发言人表示，希望中国作为一个大国，能够为维护地区与全球的和平与稳定作出积极的贡献。另一方面，在中国航母试航期间，美国“华盛顿”号航空母舰就访问了越南和泰国，越南政府官员和军方人士还进行了短暂的登舰访问。

对于其他东盟国家来说，他们更关注以和平的方式解决与中国的冲突，从而维护中国－东盟关系和东盟的一体化进程。印尼战略与国际问题研究中心执行主任苏克曼（Rizal Sukma）指出，对于东南亚国家来说，最重要的是中国如何使用航母或是军事力量。如果中国的目的是提供地区性公共产品，那么东

南亚国家就没有必要害怕中国的海军力量。因为包括发展航母在内，中国军事力量的不断增长有利于中国参与地区的非传统安全合作，如打击海盗和进行灾后救援。许多东南亚国家是欢迎中国在这些领域发挥重要作用的。

## 三、中国面临的挑战：现行政策与未来取向

在 2011 年，中国的南海策略政策可以总结为“先扬后抑”，即从年初延续 2010 年的强硬立场逐渐转为缓和态度，虽然处理南海争端的根本原则没有发生改变，但是出现了某种调整和让步的迹象。

2011 年 5 月，中国对越南长期在南海的非法活动进行了强有力的回击，切断了非法作业的越南探测船的缆索，并刺激了越南国内的激烈反应。但是，从下半年开始，中国将更多的外交努力投入了通过和平方式缓和与菲律宾、越南的关系上。

2011 年 7 月底，中国一东盟签订了《南海各方行动宣言》指针，意在为推动落实《宣言》进程、推进南海务实合作铺平道路。中国同时提出了一系列合作倡议，包括举办关于南海航行自由的研讨会，成立海洋科研和环保、航行安全与搜救、打击海上跨国犯罪等三个专门技术委员会，并承诺继续承办已确定的 3 个合作项目，得到了各方的积极响应。[①]

2011 年 9 月 6 日，中国国务院新闻办公室发布了《中国的

① “落实《南海各方行为宣言》高官会就指针案文达成一致”，载《人民日报》，2011 年 7 月 21 日。

和平发展》白皮书，白皮书中强调中国坚持奉行防御性的国防政策，中国坚决维护国家核心利益。中国的核心利益包括：国家主权，国家安全，领土完整，国家统一，中国宪法确立的国家政治制度和社会大局稳定，经济社会可持续发展的基本保障。[①] 本文认为，虽然白皮书对各界普遍关注的南海是否属于中国的核心利益，并没有给出明确的答案，但是，进行简单的逻辑推理就可以发现，西沙、中沙、南沙的岛礁归属因涉及主权纷争，显然应该属于中国的核心利益。

2011年10月，中越签署了《关于指导解决中华人民共和国和越南社会主义共和国海上问题基本原则协议》（简称《海上问题基本原则协议》）和《中越联合声明》。其中，《海上问题基本原则协议》的第二条明确指出，“本着充分尊重法理依据，同时考虑历史等其他相关因素，照顾彼此合理关切的精神，以建设性的态度，努力扩大共识，缩小分歧，不断推进谈判进程。按照包括1982年《联合国海洋法公约》在内的国际法所确认的法律制度和原则，努力寻求双方都能接受的基本和长久的解决海上争议问题的办法”。[②] 本文认为，考虑到在南海争端中，中国在南海的领土领海主张在历史依据方面占有的优势，以及海洋法公约对中国关于海域管辖权方面主张的不利，上述条款中的排序，意味着中国的某种妥协与让步。而这种妥协让步的“回报”则是，中越的联合声明以及之后菲律宾的外交抗议，表明

① 《中国的和平发展》，中华人民共和国国务院新闻办公室，2011年9月。

② 中越签署《关于指导解决中华人民共和国和越南社会主义共和国海上问题基本原则协议》，参见2011年10月12日人民网，http：//politics. people. com. cn/GB/1026/15865969. html。

了中国坚持以双边方式解决南海争端的立场的暂时性胜利。但是正如一些海洋专家指出，协议“贵在诚意、重在落实”，没有诚意，没有行动，协议就会是一纸空文。[①] 而印度和越南在中越声明后不久再次公开确认双方在南海争议海域的联合开发，使中国外交努力的成效打了一个不小的折扣。

纵观中国的南海政策，缺乏一个明确的战略规划，在维护领土领海主权和维护与周边国家稳定之间摇摆，不仅如此，中国各个部门在处理南海问题上的策略也缺乏协调与统一。例如，在中国—东盟签定《南海各方行为宣言》指针后不久，中国的航母就进行了首次下水试航。航母下水是世界关注的大事，应该综合“天时、地利、人和”等条件的选择。显然，区域内外各国对中国航母下水的担忧疑虑冲淡了指针签定后的和平气氛，中国为缓和南海争端的外交努力被消解殆尽，尽管中国国防部明确表示，改造中的航母主要用于科研试验和训练，航母信息披露的时间，与当前南海局势无关。

本文认为，包括中国处理南海争端的策略、中国发展航母的努力、以及中国在近海进行的一系列军事演习，都被作为一个整体，成为区域内外各国判定中国选择和平还是武力崛起的风向标。美国学者阿米塔伊·埃齐奥尼（Amitai Etzioni）所提出的、令人深思的问题，对中国的领土要求大呼小叫的人们面对其他国家提出类似的领土要求，似乎哈欠连连。他认为，检验中国“侵略性”的主要标准不在于它提出的领土要求——这种

---

① 张海文、刘卿：“中越南海协议贵在诚意”，载《环球时报》，2011年10月14日。

要求就像律师在审判时的开场白——而是它是通过和平方式来解决问题还是使用武力来捍卫其领土要求。[①] 因此，南海问题已经不仅仅是关于领土领海的主权之争，而是影响中国周边安全环境和全球战略的重要因素。

对于南海争端的发展趋势，本文认为，需要从以下几方面进行研判：第一，从国际视角看南海争端，第一个需要关心的问题是美国是否会深度介入。2009 年 7 月，在美国参议院主持召开的关于“东亚的海上争端与主权议题”的听证会上，美国国防部和国务院官员、海军学院的专家认为，美国在南海的利益主要有三点：首先，美国舰船无害通过南海的航行自由；其次，冲突升级影响到美国在该地区盟友的利益，美国必须采取措施应对；第三，保障美国跨国公司在南海资源开采中的利益。

在南海的具体利益上，中国与美国没有根本性冲突。中国一贯主张并始终致力于通过与有关国家的双边直接谈判和友好协商，以和平方式妥善解决南海分歧，维护南海地区和平稳定，中国并不阻碍在南海地区的航行及飞行。从根本上讲，美国并不是南海领海争端的一方。美国介入南海问题，并不会因为越南、菲律宾等国的邀请而改变其在亚太的整体战略安排，与中国直接发生冲突。至于美国在南海经济利益的维护，尽管我国曾于 2007 年、2008 年要求埃克森美孚以及英国石油公司停止在越南声称的海域开采，但并不会改变美国的南海政策。

但是，美国的核心意图是平衡中国在该地区日益增长的影

① Amitai Etzioni，“China Further Washington’s Cause in the South Sea”，Nov. 15，2011，http：//nationalinterest. org/commentary/china-furthers-washingtons-cause-the-south-sea-6155.

响力，美国认为只有美国才有地位和国家力量抵抗该地区明显的权力不平衡。美国有义务确保地缘政治平衡，确保每一个亚洲国家的公正，以和平解决争端。虽然在东亚峰会前，美国总统奥巴马和国务卿希拉里对亚洲国家进行了一系列的密集访问，并挑唆和支持多个国家在峰会上利用海上安全问题“围攻”中国，但是，鉴于东亚的历史和复杂的国际关系，美国试图以南海争端为“抓手”对围堵中国的战略是否能够行之有效，还需要拭目以待。至少，美国并没有能力和意愿以武力方式介入南海争端。

除美国的反应之外，中国需要研判的第二个点是东南亚国家。对于东南亚国家，中国应该区别对待。越南和菲律宾是南海争端中最主要的两个国家，它们的共同点是，都试图将南海问题国际化以更好地维护自身权益。但是，在对美关系方面，越南和菲律宾是有区别的，菲律宾与美国具有军事同盟关系，“全身心地”依赖美国制衡中国是菲律宾的必选。但是对于越南来说，鉴于政治制度、历史和地缘政治因素，越南对美国的依赖是有限的。而越南本身军事实力有限，所购武器绝大多数来自俄罗斯，如果没有美国与东盟的支持，越方不会轻易采取实质性动作，引发冲突。对于其他东南亚国家，中国同样不宜整体对待，应该细分各国与美国的关系以及各自在地区内的利益取向。需要强调的是，正如新加坡前资政李光耀所指出的，中美发生冲突，是东南亚国家最担心会发生的事情，他们不想面临非此即彼的选择。

从中国政府在 2011 年所做出的外交努力，可以清晰地判断，中国在未来仍会采取自我克制的政策来应对南海争端。维持周边环境的稳定，确保中国崛起的稳定的外部环境，仍是目前中国重要的战略选择。但是，鉴于南海问题战略意义的提升，中国应该调整解决南海争端的思路，制订整体的战略规划，处理好国家统一与领土完整的先后关系，处理好维权与维稳的关系，处理好全球战略与地区战略的关系，处理好军事发展和外交努力的关系。同时统筹和整合现有的南海管理机制，落实对南海的有效行政管理。

此外，目前对中国形成最大挑战、最急迫需要应对的是，如何解释中国有关“九段线”的主张，这是东盟和其他国家最为关心的，也是外部舆论普遍认为中国的战略意图不明，行为具有不确定性的主要原因。中国必须加紧对这一问题的研究并在恰当时机对外说明。

# 中国经济：迎难而上，稳中求进

## ——2011年评析和2012年展望

谢明干

2011年中国经济环境比较复杂严峻，困难很大；2012年中国面临的环境更加复杂严峻，困难更大，两年的问题大体相似，程度不同。本文把对2011年经济形势的分析和对2012年经济发展的展望结合起来，夹叙夹议，提出了看法与建议。全文分八个部分：如何看待经济增速的放缓，如何评估调整经济结构、转变发展方式的进展；如何进一步解决“三农”问题；如何促进实体经济较快发展；如何促使物价、房价继续回落；如何缩小收入分配的差距；如何转变外贸发展方式；如何整治挥霍浪费。最后，对2012年的主要经济指标作了预测，并指出：中国经济将在相当长的时内保持平稳较快增长的格局。

2011年是中国经济发展比较复杂比较艰难的一年，也是取得成效比较理想的一年。从国际环境看，形势比较严峻，发达经济体普遍遭遇三大问题：经济复苏步履蹒跚；失业率高企不下（接近或超过两位数）；财政赤字与公共债务大大超出国际公认的警戒线。这些问题久拖不决，引起了消费者信心不足和社会动荡不安，也对我国经济发展带来了较大的负面影响。例如，美国实行的量化宽松政策导致美元进一步贬值和大宗商品价格上升，使我国外汇购买力大幅下降。又如，欧债危机不断发酵和蔓延，日本经济因遭遇大灾而遭受重创，大大加重了我国出口的困难。从国内环境看，除了一些长期存在的体制性、结构性问题外，经济运行中又出现了一些新情况、新问题，特别是通货膨胀比较严重，住房价格远远高于合理水平，中小企业受多重挤压经营困难较大等。面对这样的形势，中国经济坚持以转变发展方式为主线，克服了重重困难，从政策刺激增长向内生增长和自主增长转变，实现了原定“平稳较快增长”的目标。同其他国家比较，中国经济增幅大大高于发达国家，也高于俄罗斯、印度、巴西等发展中大国，而通胀率则低于俄、印、巴等国，在世界经济中堪称一枝独秀。

2012 年将是中国经济发展困难更多更大的一年。“欧洲可能会陷入信心暴跌、增长停滞和失业增加的危险局面”（国际货币资金组织副总裁利普顿语）；美国民众心情普遍低沉，近 1/3 的人认为奥巴马上台后经济状况更差；土耳其、俄罗斯、印度、巴西等发展中国家实行货币紧缩以抑制通胀，经济呈下行趋势。据此，2012 年 1 月 7 日世界银行发布《全球经济展望》称，“世界经济已经进入一个非常困难的阶段，下滑风险严重，极为脆弱”，说“这将是非常困难的一年”，预测 2012 年世界经济增长率只有 2.5%，比 2011 年还差。同一天联合国发表的年度经济报告则更悲观，预测增长率只有 0.5%。这种形势给中国带来更大的困难：外需萎缩使中国出口锐减，欧美债务危机使中国对外投资损失不小，普遍悲观的预期使中国引进外资的难度增加，发达国家经济不景气使针对中国的贸易保护主义行为增多，石油、矿产等大宗商品价格上升使中国的通胀压力加大等。因此2012年对中国经济来说，也是环境更加复杂严峻、更加困难的一年。

下面，结合对2011年的回顾和对2012年展望，分析中国经济发展中存在的八个热点与难点问题。

## 一、过高的经济增速放缓，这既不影响平稳较快增长的总格局，又为加快转变经济发展方式创造了有利条件，但是在一些地方仍然存在着重速度轻效益的现象

2010年我国经济增长率为10.4%，2011年逐季平稳回落，一季度为9.7%，二季度为9.5%，三季度为9.1%，四季度为8.9%，显示出“软着陆”的特征。2011年全年GDP达到471564亿元，扣除物价因素比上年增长9.2%，下降了1.2个百分点。对此，有些人认为大势不好，担心经济会出现“硬着陆”，导致生产萎缩，失业增加，税收下降，主张进行“二次刺激”。其实，这种看法是不正确的。增长速度适度回落，符合宏观调控的预期，“十二五”规划的预期增长目标是7%，2011年预期的目标是8%，结果达到9.2%，这说明增长速度还相当高，仍然有继续平缓回落的余地，并不存在“硬着陆”之虞。从内需方面看，部分刺激政策退出了市场，如严格遏制住房价格的不合理上涨，取消汽车销售的补贴政策等；从外需方面看，欧美日等发达经济体经济困顿严重影响到我国的出口。因此，增速回落不仅是主动调控的结果，也是经济运行的正常现象。

2011年其他指标大多数也表现良好。例如，新增就业人数超额完成预期的全年900万的指标，达到1221万。城乡居民收入继续增加，其中，全国城镇居民人均可支配收入为21810元，比上年增长14.1%，扣除物价因素实际增长8.4%；农村居民人均现金收入为6977元，增长17.9%，扣除物价因素实际增长11.4%，高于城镇3个百分点。可见经济增速和工业增速、出口增速的回落，并没有影响就业和居民收入的增加，这就为遏制通货膨胀和加快调整经济结构、转变经济发展方式创造了有利条件。

长期以来，人们总是把地区发展等同于地区生产总值的增长，而且把它作为经济发展的目标和考核政绩的标准，这是实现经济平衡、协调、可持续发展的主要障碍，必须从体制制度上加以改革。近些年，有的地方研究试行弱化GDP增长速度、突出经济社会效益的绩效评价考核体系。例如南京市于2011年8月颁布实施《郊县镇街分类考核办法》，把考核分为两部分：一是基本考核，权重占40%，包括4个指标：（1）经济发展，权重占8%，不考核GDP，只考核一般预算收入和固定资产投资。（2）民生改善，权重占14%，主要考核城乡居民就业、收入、教育和卫生。（3）生态文明，权重占9%，主要考核垃圾和污水处理率。（4）和谐稳定，权重占9%，主要考核组织建设和平安社会指数。二是分类考核，权重占60%，目的是促进特色经济发展，凡属现代农业型的，重点考核农地保护和农业现代化；属先进制造业型的，重点考核创新转型发展和集约发展水平；属现代服务型的，重点考核产业发展水平。每种类型都有若干细化指标。市里每年组织考评，奖励先进、鞭策落后，群众满意度低于2/3的不能参与评优，发生严重群体事件或重大事故的则“一票否决”。这种考核办法，摆脱了GDP的困扰，摒弃了拼资源、掠夺式的增长方式，有助于干部树立正确的政绩观和走好科学发展之路，是一种创新，一种有益的尝试。

在如何看待GDP增长速度的问题上，还有一点需要进一步端正认识。这就是随着经济发展规模的扩大、增长基数的提高，增长速度相应地有所降低将成为常态。发达国家一般能达到百分之二三就很不错了。我国“十二五”规划提出的年均增长目标是7%，这在世界上已经是比较高的速度了。我们不能期求长期保持百分之八九甚至两位数的高速度（现在不乏这种主张），那样势必引发许多严重的经济社会问题，也是我国的资源供给和环境保护所不能允许的，是与贯彻科学发展观的要求背道而驰的。我们也不能设想再实行“出口导向”，那样国际上频繁发生的种种危机对我国经济的伤害很大。要保持平稳较快的、质量好的、可持续的经济增长，又要不断创造出更多的就业机会和居民收入，就必须坚持不懈地深化经济结构调整，加快转变经济发展方式。

## 二、调结构、转方式有了积极进展，但是由于问题积累较多，任重道远，仍然要继续付出艰苦的努力

加快转变经济发展方式，是“十二五”和更长时间内贯穿我国经济社会发展全过程和各领域的主线，要求经济社会发展从又快又好转变为又好又快，从主要关注数量增长转变为更加注重质量与效益，从片面追求GDP增长转变为以人为本、实现

全面协调可持续的发展，从经济、政治、文化建设“三位一体”转变为经济、政治、社会、文化、生态建设“五位一体”。2011年全国上下都为此积极努力，抓经济结构调整，抓科技进步与创新，抓节能减排，取得了初步成效：一是内需外需的协调性增强。首先是大力扩大内需，全年内需对经济增长的贡献率超过100%，其中消费占的比例上升，社会消费品零售总额比上年实际增长（扣除物价因素）11.6%；投资占的比例下降，固定资产投资（不含农户）增长16.1%，比上年下降7.7个百分点。通过不断扩大内需，增强了经济的内生动力和抗冲击能力。与此同时，把扩大进口与稳定出口结合起来，促进进出口贸易趋向平衡，全年贸易顺差1551.4亿美元，比上年净减少263.7亿美元，收窄14.5%，是连续第三年收窄。二是三次产业的比例关系趋向协调，二产占比下降，一、三产占比上升。工业转型升级加快，传统产业的技术改造逐步展开，淘汰落后产能力度加大，一批重大产业创新发展工程启动实施，工业结构逐步向轻型转变。农业取得好收成，粮食连续8年增产，水稻、小麦、玉米优质化率提高，农业机械化持续快速发展。服务业尤其是现代物流业、高技术服务业、节能服务业、文化体育旅游等产业都有较快发展。三是中西部地区和东部地区的发展差距逐步缩小。无论是规模以上工业增加值、消费、投资的同比增幅，还是对外贸易、利用外资的增幅，中西部地区均大大高于全国平均水平。四是节能减排继续取得成效。化学需氧量排放量、二氧化硫排放量全年下降比例为2%左右，超过减排1.5%的预期目标。重点行业如火电、炼钢、炼铝等的单位产品能耗也继续下降。五是科技创新越来越受到重视与加强。研究与发展经费逐年增加，一批重大科技基础设施新建或改造完成，研发人员数量居世界首位，专利数量明显增多，尤其是在一些领域取得了具有世界性影响的重大成果。六是农村公共服务水平提高。国家通过加大投入、政策支持、健全制度，使广大农民得到了更多的实惠，例如：建立了农村义务教育经费保障体制；建立了新型农村合作医疗制度；新型农村社会养老保险的覆盖面超过了60％；农村最低生活保障制度进一步完善，基本上做到了应保尽保；提高了扶贫标准，让更多农村人口纳入扶贫范围，等等。

但是总的说来，我国粗放型的经济增长方式还远未改变。消费率低，消费对经济的拉动作用还不强；服务业落后，“一产不稳、二产不强、三产不足”的问题还比较突出；区域发展的差距还很大；环境污染依然严重，一些节能减排指标没有完成，有的地方的高耗能行业的能耗不降反升，等等。可见调结构转方式和节能减排的任务仍然十分艰巨。我国劳动生产率、资源利用率在国际上都还处于低水平。特别是能源需求增长很快，这首先是同我国现在所处的发展阶段有关，发达国家实现工业化用了二三百年时间，我们才搞了几十年，现在还处于工业化的中期，离实现工业化还很远；同时，我国的人均能源消费水平比许多国家都低得多，只相当于美国的1/5、经济合作发展组织成员国的1/3，现在我国还有许多地区用不上电。尽管如此，我们还是应当积极调整经济结构，发展既节能环保又有高科技含量的产业，抑制“三高”产业，使经济走上可持续发展的道路。

有些人认为调结构与稳增长是矛盾的，担心调整结构会影响经济增长速度，从而影响就业与税收。对这个问题要有正确的认识：从短期看、从局部看，可能会因企业改组、技术改造、节能减排等耽误一下生产，减退一些多余人员；但从长期看、从全局看，这是企业强身健骨、提高效益，实现清洁生产、可持续发展的必由之路，即使暂时影响一点增长速度也应在所不惜。何况不少地方经济本来就畸形发展、速度虚高，处于一种不正常的亢进状态，早就应该调整了。近些年，北京市坚持科学规划、统筹兼顾、有上有下，调整结构进展顺利，经济也保持平稳较快增长，2011 年上半年 GDP 同比增长 8%，与全国预期增长 8%的目标一致（全国有 29 个省区市增幅超过两位数）；与此同时，万元 GDP 能耗降低 8.4%，大气污染物浓度全面下降，而且投资增长 15.6%，消费增长 11.3%，财政收入增长 27.9%。北京市之所以能取得这么好的成绩，主要是大力推进产业优化，调结构、转方式取得明显成效：服务业增加值增长 8.2%，高端制造业增长两成多，高耗能高污染行业下降近八成。中国统计学会等单位按照“综合发展评价指标体系”（包括经济发展、民生改善、社会发展、生态建设、科技创新、公众评价 6 个方面 452 项指标），对全国各地区进行评估，结果北京居第一名。中国社会科学院对全国各地区的“国内生产总值质量”进行排位，亦是北京居首位。北京市的经验很说明问题，值得其他地区学习。

## 三、农业生产形势良好，粮食连续八年丰收，但还有许多“三农”问题有待解决，尤其是农业科技水平和防灾抗灾能力亟待提高

2011 年全国粮食总产量达到 57121 万吨，创造了新的历史纪录，比上年增产 2473 万吨，增长 4.5%。粮食丰收为保障农

产品有效供给、稳定通胀预期、抑制物价过快上涨奠定了重要的物质基础。在长江中下游地区遭遇历史罕见的春夏连旱，几场暴雨后又旱涝急转，农业及养殖业损失严重的情况下，能够实现粮食“八连增”，确实是来之不易，主要是靠“政策好、科技强、人努力”。全年中央财政对“三农”的投入达10408.6亿元人民币，其中用于粮食生产相关的投入为4985亿元人民币，同时，国家对小麦、稻谷的最低收购价分别比上年提高5.6%到21.9%，促使农民增收约300亿元人民币。大力推广提高粮食单产技术和调整粮食播种面积也是粮食增产的重要因素，全国粮食单产达到每公顷5166公斤，比上年提高3.9%；全国粮食播种面积比上年增加69.6万公顷，增长0.6%。中央财政“三农”投入的万余亿元人民币，不仅包括上述涉农补贴这一大块，还包括两大块：一是加强基础设施建设，如水利资金全年共1814亿元人民币，农业综合开发资金271.6亿元人民币，农村公路建设投资403亿元人民币，农村环保专项资金40亿元人民币等；二是提高社保水平，如农村义务教育经费保障机制改革资金840亿元人民币，新型农村合作医疗补助资金802亿元人民币，等等。

但是与工业化、城镇化和农业现代化的要求相比，我国农业发展仍然滞后，表现在：农业基础设施仍然薄弱，农业综合生产能力不高，抗灾防灾能力不强，耕地中中低产田占到2/3，耕地土壤有机质的含量平均只有1.8%，比欧洲同类土壤低二三个百分点；农业科技总体水平比较低，农业生产综合机械化水平只有40%，良种培育、设施栽培、机械作业、农业节水、防病防虫、健康养殖、精细加工、保鲜储运等方面的科技研发与创新能力与农业发达国家相比有很大差距；农业产业化经营尚处于起步阶段，规模普遍偏小，实力不强，农户与农户之间、农户与企业之间缺乏紧密联系；农业社会化服务体系不健全，服务组织数量小、功能少，特别是农业技术、信息、金融、保险的相关服务十分缺乏，远不能满足现代农业发展的需要。此外，还有城镇化如何推进、农民工如何融入城镇问题，土地如何流转问题，如何提高农民的文化科技水平问题等。

解决好我国的“三农”问题，是一个庞大的系统工程，绝非三五年之功。但归根结底，一要靠科技，即加强农业科技创新以提高科技进步对农业的贡献度，加强农村教育和职业培训以提高农民的文化科技素质，加强农业综合开发力度以提高农业生产能力；二要靠改革，包括稳定和完善农村基本经营制度，健全土地承包经营权流转市场，引导农民依法自愿有偿流转土地承包经营权；大力发展农民专业合作经济组织；建设与完善专业合作社与现代农产品加工企业相对接的全产业链、专业合作社与现代流通企业相对接的全流通体系等。

当前和今后一段时期，“三农”问题的中心环节是努力拓宽农民增收渠道，促使农民收入持续快速增长。为此，（1）积极推进农业结构调整，充分挖掘农业内部增收潜力，增加农民经营农业的收入。例如：推广良种，发展优质农产品生产；优化品种结构，发展农产品精深加工；发展特色农业；加强农田水利建设；改造中低产田和建设高产田；发展农业机械化和科技下乡服务等。（2）鼓励多元化经营创收，增加农民经营非农产业的收入（工资性收入）。例如：改善农民进入城镇就业、创业的政策环境，保护他们的合法权益；支持农民工回乡创业，带动更多农民就业；引导农村中小企业改善经营管理、转型升级；

发展面对农村中小企业和农户的小额贷款服务；积极发展农产品加工企业、物流与商贸企业与各种服务业，发展农村旅游观光、休闲度假等产业等。(3) 进一步完善与落实强农惠农政策，增加农民来自国家支农政策与财政转移支付的收入。例如：保护农产品价格合理上涨与基本稳定，支持粮棉油糖等大宗农产品价格随成本上升而提高；完善最低收购价、临时收储等价格支持政策，保障农民的合理收益；推动建立城乡平等的劳动力市场，推行企业工资集体协商制度，保护农民工的合法权益等。(4) 发展股份制形式的乡镇企业和专业合作社，增加农民的财产性收入（上述四项收入简称农民收入增加的“四驾马车”）。

## 四、以工业为主体的实体经济保持较快增长，但从总体上说，企业规模小，竞争力和抗风险能力弱，在目前经济环境严峻情况下不少企业经营困难较大

2011 年全国规模以上的工业增加值同比增长 13.9%，信息产业、农业、交通运输业、房地产业、建筑业等也都发展良好。在未来相当长的时期内，我国国民经济要继续保持平稳较快增长，缩小与发达国家的差距，以及防御各种经济危机，就必须继续认真抓好以工业为主体的实体经济的发展。

一是坚决遏制低水平重复建设。现在实体经济在多种因素的影响下呈现效益下滑的态势，重复建设、产能过剩是一个重要因素。盲目铺新摊子、盲目扩大生产力，往往“建成之日就是亏损之时”。环渤海、华北地区是钢铁产能过剩严重地区，又

是钢铁投资的热点地区。2011 年前三季度，国内钢铁企业的钢铁主业平均利润率只有 1.5%，不少钢铁企业处境困难，而整个钢铁行业的固定资产投资增速却高达 19.7%。这真是匪夷所思，岂能不赚钱而猛投资！不仅钢铁、水泥等产能过剩的传统产业仍在扩张，风电、多晶硅等新兴产业也出现重复建设倾向。2012 年部分行业产能过剩问题将更加凸显，一来由于外需市场萎缩、出口增幅锐减，部分生产出口产品企业必将开工不足、产能大量过剩，还会出现企业之间为争取订单而互相杀价现象，致使整个行业受到严重伤害；二来房地产投资减速，株连到许多相关行业，使其产能过剩的情况更加严重。为遏制住重复建设产能过剩，近期要综合运用经济、行政手段，如银行限贷、行政审批等。从长期看或者从根本上说，则必须深化改革，从制度上解决产能过剩的深层次问题，包括鼓励和支持民间金融机构加快发展，深化土地流转制度改革，对民营企业实行更加开放的政策，从金融、财税、资本市场等多渠道为民营企业的发展提供良好的服务，使民营企业逐步壮大成为真正以市场信号为导向的市场投资与生产主体。

二是企业要苦练内功，大搞“三改一加强”，即深入推进企业内部改革，按照建设现代企业制度的要求改革旧机制旧制度、建立和完善新机制新制度；根据市场变化和企业的实际情况进行改组，包括转产、兼并、联合、破产等，使企业摆脱困境，获得新的活力；开展技术改造和科技创新，提高企业的技术水平和竞争力；加强管理，首先要配备一个强有力的团结的领导班子，同时要大力完善和严格执行质量、财务、技术、劳动工资、设备维修等各项制度，加强企业文化建设，弘扬大庆的

“三老四严”精神。企业通过改革、改组、改造和加强管理，通过科技创新，提高自身素质，就能经受得起各种风浪的考验。

三是金融机构要认真负起为实体经济服务的责任。工业企业当前面临困难的原因，除了开工不足和成本上升外，主要是资金紧张，贷款困难。有的银行甚至在基准利率上增加10%～30%，还附加一些苛刻条件，令贷款企业无法承受；而民间贷款的利息又高得惊人，甚至高达一两倍。这次国际金融危机的一个重要警示，就是一些国家的金融发展脱离了实体经济，大量资金“脱实向虚”，从而诱发了金融和经济崩盘，并迅速殃及到许多国家和地区。因此必须大力整顿金融秩序、深化金融改革，回归到金融服务实体经济这一基本原则上来。我国当前国内经济发展需要大量资金支持，尤其是农村地区、中小企业的资金需求更为迫切，这就更需要金融业把握好服务实体经济的原则。凡是市场有需求又符合国家产业政策的企业贷款需求，就应积极支持，反之就不予支持。2011年银行的利润增幅很大，恐怕与擅自提高贷款利率和附加贷款条件不无关系，应切实予以纠正和查处。在国民经济体系中，银行与企业应当是利益共同体，银行不应趁企业之危谋自己之利。如果没有企业的长期稳定发展，绝不会有银行稳定的盈利。银行应该在促进企业发展中取得自己长期发展的空间。

## 五、过高的物价、房价缓慢回落，但仍处于高位，仍有可能反弹，宏观调控不能松懈

已持续两年的物价上涨始于2009年底。当时，随着我国经

济摆脱国际金融危机的冲击之后的回升，2010年全国居民消费价格总水平（CPI）和工业生产品出厂价格（PPI）双双走高。尽管国家采取了一系列稳定物价的政策措施，但由于政策效应有一定滞后性，加之全球流动性充裕，各种要素成本上升，2011年上半年物价仍呈攀升之势，CPI涨幅一季度为5.1%，二季度为5.7%，到7月份达到峰值6.5%，这是39个月以来的最高水平，也是1997年以来第二个价格高峰期（第一个高峰期在2008年）；PPI亦于7月份达到峰值7.5%。7月份以后，各项调控政策措施开始见效，CPI和PPI逐步回落，8月、9月、10月、11月CPI分别回落到6.2%、6.1%、5.5%、4.2%，PPI也分别回落到7.3%、6.5%、5.0%和2.7%。这些数据说明，物价明显出现了向下走的趋势，也说明CPI和PPI之间有着密切的传导与互动效应。2011年CPI的增幅为5.4%，比原定计划的4%高出1.4个百分点。

上面讲的是“同比”数据，更能及时准确反映最新的价格变化和更贴近大众感受的是“环比”数据。从环比看，2011年10月份，PPI已开始转为下降，CPI还上涨0.1%，因此不能认为物价总水平到了下降拐点；到11月份，PPI继续下降，CPI也出现了0.2%的降幅，这才意味物价总水平开始进入了下行通道。但是这种下行走势是否能持续下去，到达合理的区间呢？

答案是肯定的。因为有两个重要的基础条件：一是粮食“八连增”。2011年粮食总产量已提前实现了2020年规划要求，粮食储备已超过40%，大大高于国际粮食安全的15%～18%的警戒线。二是一般工业品供应丰足，它和粮食一样，市场总的格局在比较长的时期内都可以保持供大于求。有了这两条，按理说，我们完全有能力防止和遏制通货膨胀。但是问题并不这么简单，第一，目前物价仍处于高位区间，威胁着占人口绝大多数的中低收入者的实际生活水平。第二，导致物价上涨，不仅有供求关系的因素，还有其他多种因素，包括：经济过热，劳动力成本、土地成本和资源产品价格上升，资金流动性过剩，发生严重的自然灾害，投机炒作成风等国内因素，以及国外热钱大量涌入、大宗商品价格大幅上涨等外在因素。这些因素中，有的是不确定的或突发性的，有的甚至是不可抗拒的。目前国内经济发展不平衡，成本上升压力大，房价又太高；国际经济、政治动荡加剧，通胀率普遍上升，发达国家因债务危机仍在实施宽松的货币政策，致使我国仍然面临着较大的输入型通胀压力。因此人们对 11 月份 CPI 环比下降 0.2%、全年同比下降到 5.4%是不是通胀下降的拐点有疑虑，通胀仍有可能停留在高位甚至反弹，必须继续坚持各项有效的宏观调控政策不松懈。同时，要进一步改善供求关系，增加城镇居民的收入，完善社会救助和保障标准与物价上涨挂钩的联动机制。这是保障与改善民生、增进社会和谐稳定、促进经济结构调整与加快经济发展方式转变的重大任务。

房价虽然依照国际惯例不纳入统计范畴，但它和物价的关系很密切，一是居住类商品价格是纳入统计的，二是房价的波动直接影响到民众的通胀预期。从 2002 年以来，我国城市的房价扶摇直上，翻了几番。经过持续两年的宏观调控，政府采取了限购、限贷、限价和加税、行政问责等一系列严厉措施，到 2011 年 6 月，城市房价开始出现企稳、回落势头。全年全国房地产开发投资 61740 亿元人民币，比上年实际增长 20%，增速比前三季度回落 4.1 个百分点，比上年回落 5.3 个百分点，其中住宅投资增长 30.2%，增速比上年回落 2.6 个百分点；全国商品房销售面积 109946 万平米，增速比上年回落 5.7 个百分点；全国商品房销售额 59119 亿元人民币，增速比上年回落 5.8 个百分点。这些都表明房地产主要指标比上年有较多回落。与此同时，保障性住房在 2010 年建设 590 万套的基础上，2011 年又开工建设 1000 万套；住房投资投机得到有效抑制，二手房交易量明显收缩。但是众所周知，目前房价下降的城市，降速慢、降幅也小，房价总体上仍然太高，离合理价格区间还有较大差距。而且房价回落主要是由于政府采取了严厉的行政措施，而不是市场自发调整的结果；加上国内流动性仍然比较充裕、通胀水平仍然比较高，房价反弹的潜在压力比较大。对此我们要有足够的警惕，要继续打“组合拳”，除了坚持上述的“三限”和加税、问责等政策措施外，一要把好土地关，特别是要防止炒地皮和把保障性住房用地改建商品房；二是把好施工关，大力加强监理，严惩偷工减料、弄虚作假，确保工程质量；三是把好分配关，对保障性住房的分配与管理，要有一套严格、完善、公正、透明的分配与管理制度；四是把好反腐关。建筑行业是贪腐最严重的行业之一。从规划、买地、招标到设计、施工、验收，再到分配、销售等环节，都可能存在权钱交易、设租寻租的行为，这不仅毒化风气，危害安全，而且是拉高房价的主要元凶之一，必须大力整肃。

## 六、在民生建设方面政府做了大量工作，但中低收入者收入水平还比较低，贫困人口还比较多，社保水平也不高，许多民生问题亟待解决

目前我国已进入加快社会建设的新阶段，社会建设的核心内容就是民生建设。民生建设搞得好，经济社会良性运行就有坚实基础。只要政府尽心尽职地为民谋利，公共财政主要用于保障和改善民生，群众就拥护，社会就稳定，建设和谐社会就有保证。2011 年我国政府在民生建设方面做出了不少成绩，例如，实行结构性减税，从调整个人所得税（起征点从 2000 元提高到 3500 元，使 6000 万人不需要再缴纳个人所得税）、改征营业税为征增值税，到减免小微型企业税负、车船税微调等，让企业有条件创造更好的业绩，让老百姓获得更多的实际收入。又如，注重增加低收入者的收入，缩小城乡居民收入差距，包括上调最低工资标准；增加对农民的种粮补贴和良种补贴；水利建设也实行对农民给与更多实惠的政策等。再如，医疗、养老制度改革进一步推进。截至 2011 年 9 月底，“新农合”、“城镇居民医保”、“职工医保”三项基本医疗保险制度已覆盖了 95％以上的城镇居民，参保人数近 13 亿人，国家新型农村和城镇居民社会养老保险试点参保人数近 2 亿人，加上地方自行试点，总参保人数达 2.35 亿人；医疗改革也有新进展，基本药物价格下降了三成，“十二五”期间将完全破除“以药养医”，等等。民生问题涉及面广，历史欠账多，我国的民生建设目前还处于初级阶段，但实践表明我国经济社会发展已从过去重经济

轻社会转向经济、社会并重的新阶段。不断解决关系群众切身利益的热点、难点问题，切实保障和不断改善民生，为人民群众谋求更多的福祉，正是社会主义制度的本质要求，是一切工作的出发点与落脚点。

进入2012年，广大人民群众对物价回归合理区间，加大保障性住房建设的力度，加快推进医疗、养老等社会保障事业，创造更多的就业岗位，食品安全、生产交通安全不再令人揪心，文化教育事业上新台阶，等等，都有更迫切的期盼。下面着重分析三个热点问题：

一是扩大就业问题。就业是民生第一大事，也是我国经济社会发展中长期需要认真面对的重大问题。尽管2011年新增就业人数超过原定计划，但就业形势仍然严峻，突出的特点是劳动力市场的结构性矛盾越来越突出。一方面大学毕业生人数高达660余万人，比上年又增加了30余万人，过去每年的就业率只有约80%，积累下来有待就业的大学毕业生人数就很大，整体上看是劳动力供大于求，具体来说又是“货不对路”（有些专业供大于求，有些专业则供不应求）；另一方面，东部沿海地区近些年普遍遇到“民工荒”，一些中西部城市近年也出现招工难。与此同时，全国需要就业的劳动力又每年有增无减。“十二五”期间，城镇每年需要就业的人数约2500万人，而社会可提供的岗位数仅1200万个；农村有1.2亿农民需要向城镇转移，转移规模计划为年均800万人。可见解决就业问题的任务仍然非常艰巨，必须采取更加积极的就业政策，多策并举：（1）结合调整经济结构、产业结构，加快劳动密集型企业、中小企业、民营企业和各种服务业的发展，这是吸纳劳动力就业的主要场所。(2) 加强职业能力培训，包括积极支持办好各类职业学校，扩大专业设置和招生规模；组织对农民工的培训，对大专毕业生和企业高层管理人员、企业下岗人员的再培训，等等，这是解决劳动力结构性矛盾的根本措施。(3) 积极鼓励和扶持有创业能力的人创业，通过创业带动更多的人实现就业。(4) 大力倡导大专毕业生和机关企业下岗人员到农村去、到社区去、到基层去就业和创业，这是使他们得到实际锻炼、提高职业能力的好机会。(5) 发展和规范劳动力市场，政府部门和大专院校要建立与完善就业服务体系，提供各种就业信息，为各种求职者铺设就业桥梁。

二是缩小收入分配差距问题。改革开放以来，打破了“大锅饭”和平均主义，实行按劳分配为主体、多种分配方式并存的分配制度，大大激发了社会创造活力，促进了社会财富的极大增加和人民收入水平的普遍提高。但是城乡之间、行业之间、地区之间和社会成员之间收入分配差距不断扩大，分配不公现象日益凸显，已经成为实现经济可持续发展与社会和谐的障碍，也是当前广大人民群众意见最大的问题之一。因此，深化经济、社会体制改革，应该把收入分配制度改革放在首要位置。(1) 贯彻以人为本的理念，认真落实“十二五”规划提出的“逐步提高居民收入在国民收入分配中的比重”。从 1995 年以来，我国财政收入增幅比 GDP 增幅高 5～10 多个百分点（2011 年高出 15 个百分点），而 GDP 增幅又高于居民收入的增幅，居民收入在国民收入中的比重比不少国家都低。“十二五”规划明确规定居民收入增幅要超过 GDP 增幅，这是指导思想上一个重大突破，必须认真贯彻落实。(2) 缩小城市居民收入分配的差距，必须“提低、扩中、削高”。“提低”是指在初次分配环节适时提高最低工资和建立工资正常增长机制，在二次分配环节根据市场价格与实际环境的变化由财政或企事业单位发给低收入者一定的补贴或适当改善其福利待遇，在三次分配环节通过各种社会组织的慈善、救助、扶贫行动给最困难的低收入者以实际的帮助。“削高”是指完善与严格执行税法税制，特别是要提高对超高收入者的税率；同时要坚决把垄断行业、国有企业高管的超高工资福利压下来，国企盈利上缴率应从现在的10%～15%提高到国际上一般的60%以上。通过发展经济提高中低收入者的工资福利和财产性收入，以及“提低、削高”等措施，使中收入阶层不断扩大并逐渐形成以中收入者为主体的橄榄形收入分配结构，这就能有力地拉动消费和推动消费结构、产业结构升级，不断增强我国经济增长的内生动力。（3）缩小城乡居民收入分配的差距，必须继续推动农民收入增加的“四驾马车”一起前进，特别是要着力建立促进农民稳定增收的长效机制。2010年、2011年农民收入增速分别超过城镇居民3.1和3个百分点，显示出城乡居民收入差距逐步缩小的可喜趋势，原因就是农民的务农收入、工资性收入、财政转移支付性收入、财产性收入都在持续增长。（4）缩小区域之间居民收入的差距，必须继续加大中央财政对中西部地区的转移支付政策的力度。近几年这方面也有了可喜进展，中西部地区的经济和居民收入都增长比较快。当然，目前与东部地区相比还有不小差距，需要进一步加强对中西部地区的支持。

三是扶贫问题。改革开放以来，我国减少贫困人口工作取得了举世瞩目的成就，到2010年全国贫困人口减少到2688万人，农村贫困人口占农村人口的比例下降到 2.8%，率先实现了联合国千年发展目标中贫困人口减半的目标。2011 年，国家将农民人均纯收入 2300 元人民币（2010 年不变价）作为新的扶贫标准，这比 2009 年提高了 92%，按此统计全国贫困人口数量扩大到 1.28 亿人。同时，国家提出了到 2020 年扶贫开发总目标：稳定实现扶贫对象不愁吃、不愁穿，保障其义务教育、基本医疗和住房。这个任务十分艰巨，是保障和改善民生、缩小收入分配差距的一个重要内容。实现这一目标，必须贯彻落实开发式扶贫，并且把扶贫开发同农村最低社会保障衔接好的方针。在贯彻执行这个方针时，有几个问题值得注意：（1）扶贫必须“扶”教育，大大提高贫困地区的教育科技水平。这是脱贫致富的根本大计。（2）扶贫必须“输血”、“造血”并举，以“造血”为主，即积极引导、帮助农民发展有条件、有效益的产业，或开发新的特色产业。（3）扶贫必须因地制宜，科学规划。安排项目不仅要有资金、技术、人才，还要充分考虑当地的“天情、地情、人情”，天气、地理条件合不合适，农民适不适应，市场销售渠道畅不畅通，把每一分钱用在刀刃上。（4）扶贫必须统筹城乡发展。陕西省凤县 7 年变贫困县为省十强县，主要经验是抽掉横在城乡“两池水”之间的“挡板”，在统筹安排城乡经济发展的同时，鼓励农村居民进城落户，实行城乡青年同机会就业、同条件招工，进城农民与城镇居民同样享受保障性住房入住权，实行城乡公共服务（包括教育、医疗、养老等）均等化。（5）扶贫必须积极引用好外力。不仅鼓励社会捐钱捐物，更要鼓励企业发扬爱心与社会责任感，在贫困地区投资办企业办事业，不拿盈利，最多只收回本金。正如诺贝尔奖获得者尤

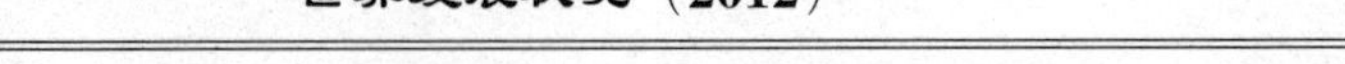

努斯在2011年全球社会企业峰会上所说："现行的市场制度使3亿多穷人不能发挥潜能。与其去乞求华尔街大佬们，去等政府援手，不如我们牵起手来，与愿意帮助穷人的企业家们一道，找出创新的方式来消除贫困。"（6）扶贫必须首先解决广大农民最迫切需要解决的困难问题，如饮水污染、不通路、不通电等，但是做任何事情都不能以破坏生态环境为代价。（7）扶贫必须配备强的领导班子，要关心爱护当地干部（包括教师、医生等），帮助他们提高素质，适当提高他们的工资，建立老少边穷地区工资上浮机制。

## 七、对外贸易又好又快发展，调整外贸结构、转变外贸发展方式取得较好成效，但由于外需急剧下降和出口贸易摩擦日益加剧，2012年面临的外贸形势更加复杂严峻

2011年，我国进出口总值为36420.6亿美元，同比增长22.5%；其中出口18986亿美元，增长20.3%；进口17434.6亿美元，增长24.9%；进口增速高出出口增速4.6个百分点。贸易顺差收窄14.5%，占国内生产总值的比例只有2%左右，处于国际公认的贸易平衡标准的合理区间。出口结构有明显改善，出口商品的质量、档次和附加值有较大提升，价格有较大提高，因质量问题被通报或被召回的商品减少二三成；出口商品具有自主品牌、技术和高端服务的，占比明显扩大；出口市场，欧美日以外的占到56.3%；出口主体，民营企业大幅上升到30.5%；贸易方式，无论进口或出口，一般贸易都大幅上升

到52.5%；地区出口，中西部的增幅明显高于沿海地区，出口比例提高到近12%。总之，2011年进出口贸易，增长速度正常回落但仍是高增长，增长质量则明显提高。此外，2011年实际使用外资1160.11亿美元，同比增长9.72%；新批设立外商投资企业近2.8万家，同比增长1.12%；境内投资者对全球132个国家和地区3391家境外企业非金融类直接投资600.7亿美元，在全球178个国家和地区设立对外直接投资企业1.8万家，累计实现非金融类对外直接投资3220亿美元。

为应对更加复杂严峻的外贸形势，国家已经采取了稳定出口退税、稳定汇率、稳定加工贸易政策等举措，并加大对出口企业的扶持力度。此外，工作中还要注意以下几个问题：（1）大力挖掘扩大出口的积极因素。出口对经济增长、扩大就业、社会稳定至为重要，一定要保证出口有较大增长。不仅要守住现有的出口市场，更要积极拓展新的出口市场，包括非洲、中东、中亚、东南亚、拉美等。这些新兴市场有很大潜能，切勿以量小、费事、情况不熟悉而不为。现有的出口市场也有拓展余地，即使这些地方经济不景气，日用生活用品与一般工业品总还是不可或缺的，只要狠抓产品质量、品牌和创新，一定可以守住这些市场，还可以以我们的质量好、成本低和生产上的优势同其他出口国家一争，扩大我们的市场阵地。加工贸易是出口的重要组成部分，能够容纳大量劳动力，这方面我们又有多年经验和成本低的优势，应坚持做好，促进其技术升级，并逐步向中西部地区转移，以推进中西部地区的开发。出口企业要趁外需萎缩之机狠抓“三改一加强”，提高自身的竞争力和抗风险能力。（2）多方努力扩大进口。这是推动自主创新、发展

高新技术产业、改造提升传统制造业的重要举措，也有助于实现贸易平衡、缓解贸易摩擦，有助于拉动世界经济增长。扩大进口，一要扩大进口的范围，包括先进技术、先进装备、各种战略物资等；二要扩大进口的国别，不仅扩大从发达国家进口，也要扩大从新兴国家和长期贸易逆差的发展中国家进口；三要扩大引进优秀的技术、管理人才。还可以利用外汇派有一定学历资历和实际工作经验的专家出国对口进修、实习、学习，这实际上是另一种“进口”、一种引进高端人才的重要举措。扩大出口和进口，都要有相关的鼓励与支持政策。（3）大力发展服务贸易。我国服务贸易比较落后。目前，以服务外包、现代服务业为主要内容的国际性服务产业，正在从欧美向发展中国家转移，我们应抓住这个机遇，制定相关政策，争取承接更多过来，以促进服务业更好发展和经济结构的优化，这也有利于为每年几百万大学毕业生提供高端的就业岗位。我国服务业在海运服务、劳务出口、旅游等行业中具有一定的国际竞争力，但在金融保险、电信服务、航空服务、咨询、文化等产业中的国际竞争力与其他国家相比有很大差距，应当着力加强。（4）积极应对出口贸易摩擦。2011 年以来，涉及我国出口产品的贸易摩擦加剧，不仅劳动密集型产业而且新兴产业如通讯、光伏太阳能等商品都受到冲击。对此，除有关企业要积极应诉、贸促系统要积极做好商事法律服务外，企业切实保证与提高出口产品质量、适时调整产品结构也很必要。贸促系统还要通过在境外举办和组织企业参加各种展览会以及其他形式，帮助企业熟悉当地法律和其它情况、培养出口品牌、争取更多出口合同。

## 八、在各个领域，都存在贪污腐败和挥霍浪费现象，必须大力整治

我国现在百事待兴，需要用钱的地方很多，但贪污腐败和挥霍浪费吞噬了大量发展与改革的成果、大量社会财富与人民的血汗。贪污腐败人人喊打，挥霍浪费却往往习以为常。到处都是“金碧辉煌”、“流光溢彩”、大吃大喝，花钱如流水。有的领导人还以炫富为荣、以节俭为耻。许多事情同我国还是一个发展中国家、还有 1 亿多贫困人口这个基本国情很不相称。必须加以大力整治，从法律上、体制制度上来解决这个问题，必须重新宣传“勤俭节约是中华民族的传统美德”，重新强调“艰苦奋斗，勤俭建国”。政府部门本身尤应作出表率，坚决精兵简政，大力压缩行政开支尤其是“三公消费”，坚决不搞“形象工程”，不搞脱离人民群众的高工资高福利，不建豪华办公楼和超标准的楼堂馆所，不办滥立名目、劳民伤财的节庆活动，把老百姓的血汗钱真正用在调整经济结构、转变发展方式上，用在扶贫和改善民生上。

对我国 2012 年的经济发展，国内外有关机构都有分析和预测。预测的结果虽然在程度上有差别，但主流的观点都认为，形势比 2011 年严峻，经济增长将继续放缓，存在的一些主要问题尚需要一段时间逐步解决。本文笔者的看法是：2012 年我国经济增长将呈前低后高之势，缓缓“软着陆”，不会发生“硬着陆”；商品房价格泡沫不会突然破裂，而是“慢撒气”，逐渐下降，降到合理的价格水平需要两年时间左右；至于有人散布

2013 年我国将发生经济危机，则纯属“杞人忧天”的耸人听闻。可以肯定，中国经济将会在较长时间内保持平稳较快发展的格局，平均增速约在 7%～8%左右，不会发生什么危机。笔者预测 2012 年我国主要经济指标是：GDP 增长率为 8.4%左右；新增就业人数 1100 万～1200 万人，城镇登记失业率 4.3%左右；物价、房价都进入下行通道，物价上涨 4%左右，商品房价格降幅为 20%左右；进出口贸易增幅约为 12%～15%，进口与出口大体平衡；城镇居民人均可支配收入增长 8%～9%，农村居民人均现金收入增长超过 10%。相信只要不发生重大的突然事变，扎扎实实地工作，这些指标是可以实现的。

# 香港特别行政区的政制发展轨迹

王溪沙　金小川

香港特别行政区成立后，政制发展问题一直是香港社会关注的焦点，行政长官和立法会如何按照《中华人民共和国香港特别行政区基本法》（以下简称《香港基本法》）的有关规定达至普选目标，成为这一问题的核心。本文以解决香港政制发展所涉及的几个基本问题为基础，对香港特别行政区的政制发展轨迹进行了梳理，以期对未来香港政制发展之路有所启迪。

## 一、导　言

香港自古以来就是中国领土，1840 年鸦片战争后被英国强占并进行殖民统治。中华人民共和国成立后，中国政府在充分考虑当时国内国际形势的基础上，制定了“长期打算，充分利用”的对港方针。1982 年 9 月 24 日，邓小平同志会见了时任英国首相的撒切尔夫人，向英方正式阐明了中方将于 1997 年收回香港的立场。经过两年多的外交谈判，1984 年 12 月 29 日，中英两国政府签署了《中华人民共和国政府和大不列颠及北爱尔兰联合王国政府关于对香港问题的联合声明》（以下简称《中英联合声明》)，确定了中国政府于 1997 年 7 月 1 日恢复对香港行使主权，建立香港特别行政区，以及香港回归后中国政府对港的一系列基本方针政策，香港回归祖国正式进入倒计时。1990 年 4 月 4 日，第七届全国人民代表大会第三次会议审议通过了《香港基本法》，以宪制性法律的形式规定了香港特别行政区实行的制度，以保证国家对香港方针政策的实施。1997 年 7 月 1 日，随着中华人民共和国国旗和香港特别行政区区旗的缓缓升起，时任国家主席的江泽民同志郑重宣布：中华人民共和国香港特别行政区正式成立。

香港特别行政区成立后，按照“一国两制、港人治港、高度自治”的基本原则，依据《香港基本法》的有关规定，在继承和沿袭原有体制中行之有效部分的基础上，逐渐建立起了一套独具特色的以行政为主导的政治体制。这种政治体制大致可以概括为：在行政、立法、司法三种权力中，行政权占据主导位置，行政与立法既相互制约，又相互配合，重在配合，司法独立。在搭建好香港特别行政区的基本政治架构的同时，《香港基本法》还规定：“行政长官的产生办法根据香港特别行政区的实际情况和循序渐进的原则而规定，最终达至由一个有广泛代表性的提名委员会按民主程序提名后普选产生的目标”（第 45 条第 2 款），“立法会的产生办法根据香港特别行政区的实际情况和循序渐进的原则而规定，最终达至全部议员由普选产生的目标”（第 68 条第 2 款），为特区的政治体制改革指明了发展方向。香港回归十余年来，香港社会对政制发展的争论就从未停止过，中央政府也一直本着“从实际出发、循序渐进、均衡参与”的原则采取积极的态度处理这一问题。经过多年的不懈探

索和努力，至2012年，香港特别行政区即将在政制发展的道路上迈出坚实的一步。

## 二、香港政制发展涉及的几个基本问题

要理清香港特别行政区的政制发展脉络，首先要明确几个基本问题，即香港特别行政区政制发展的法理依据，政制发展的主要内容，要遵循的法律程序，以及中央在特区政制发展问题中扮演的角色。弄清楚这些问题，才能对香港特别行政区政制发展有一个准确的把握。

### （一）《香港基本法》是香港特别行政区政制发展的法理依据

1.《香港基本法》是一部宪制性法律

我国宪法第31条规定："国家在必要时得设立特别行政区。在特别行政区内实行的制度按照具体情况由全国人民代表大会以法律规定。"根据这项规定，全国人民代表大会（以下简称全国人大）自1985年7月就开始了《香港基本法》的编写工作。1990年4月4日，第七届全国人大第三次会议审议通过《香港基本法》，并在《全国人民代表大会关于〈中华人民共和国香港特别行政区基本法〉的决定》中明确指出："香港特别行政区基本法是根据《中华人民共和国宪法》按照香港的具体情况制定的，是符合宪法的。香港特别行政区设立后实行的制度、政策和法律以特别行政区基本法为依据。"《香港基本法》第11条也规定："根据中华人民共和国宪法第三十一条，香港特别行政区

的制度和政策，包括社会、经济制度，有关保障居民的基本权利和自由的制度，行政管理、立法和司法方面的制度，以及有关政策，均以本法的规定为依据。香港特别行政区立法机关制定的任何法律，均不得同本法相抵触。”从以上的法律条文中不难得出以下结论：《香港基本法》是根据国家宪法订立的香港特别行政区的宪制性法律，香港特别行政区的一切事物都要以《香港基本法》为准绳和归依，这其中必然也包括政制发展。

2.《香港基本法》条文对政制发展的具体规定

《香港基本法》用第四章一整章的篇幅来阐述香港政治体制，并通过设立附件的形式规定了行政长官产生的具体办法及立法会产生的具体办法和法案、议案的表决程序。其中涉及到政制发展的规定主要集中在第 45 条、第 68 条以及附件一和附件二中。

《香港基本法》第 45 条第 2 款规定：“行政长官的产生办法根据香港特别行政区的实际情况和循序渐进的原则而规定，最终达至由一个有广泛代表性的提名委员会按民主程序提名后普选产生的目标。”第 68 条第 2 款规定：“立法会的产生办法根据香港特别行政区的实际情况和循序渐进的原则而规定，最终达至全部议员由普选产生的目标。”附件一第七条规定：“2007 年以后个人行政长官的产生办法如需修改，须经立法会全体议员三分之二多数通过，行政长官同意，并报全国人民代表大会常务委员会批准。”附件二第三条规定：“2007 年以后香港特别行政区立法会的产生办法和法案、议案的表决程序，如需对本附件的规定进行修改，须经立法会全体议员三分之二多数通过，行政长官同意，并报全国人民代表大会常务委员会备案。”

2004年4月6日，针对香港社会对《香港基本法》附件一第七条和附件二第三条部分表述的疑问，全国人民代表大会常务委员会（以下简称全国人大常委会）作出了解释，这一解释拥有同《香港基本法》一样的法律效力。其要点是：上述两个附件中规定的“2007年以后”，包含2007年；“如需”修改，是指可以进行修改，也可以不进行修改；确认两个附件修改必经的法律程序，以及在未作出修改之前，行政长官的产生办法、立法会的产生办法和法案、议案的表决程序仍适用原规定。

《香港基本法》的条文和附件，以及全国人大常委会的上述解释共同构成了香港特别行政区政制发展的法律依据，香港的政制发展必须在这一框架下进行，任何其他异想天开的做法都是行不通的。

3.《公民权利和政治权利国际公约》第25条b项不能成为特区政制发展的法律依据

在香港特别行政区的政制发展道路上，总有些人会提及《公民权利和政治权利国际公约》，认为香港的普选和《香港基本法》的解释都必须符合公约第25条b项中关于普选的规定，企图赋予其凌驾于《香港基本法》之上的地位，这种别有用心的观点是错误的。[①]

《公民权利和政治权利国际公约》于1966年经第21届联合国大会决议通过，1976年正式生效。第25条b项的规定是：“凡属公民，无分第二条所列之任何区别，不受无理限制，均应有权利及机会在真正、定期之选举中投票及被选。选举权必须

① 饶戈平：“论《公民权利和政治权利国际公约》第25条b项不具有在香港适用的法律效力”，载《港澳研究》，2007年秋季号，第1—12页。

普及而平等，选举应以无记名投票法行之，以保证选民意志之自由表现。”

英国政府于1976年正式加入该公约，并将其扩展至包括香港在内的十个属土。英国政府在交存公约批准书并声明公约扩展适用于香港时，对公约的一些特定条款作出了保留，其中就包括第25条b项，其声明内容是：“联合王国政府就第二十五条（丑）款可能要求在香港设立经选举产生的行政局或立法局，保留不实施该条文的权利。”也就是说，公约中的第25条b项从香港加入的第一天起就不适用于香港。而且英国政府也从未宣布撤回这项保留，因此直至香港回归前，这项保留是一直有法律效力的。

中国政府在《中英联合声明》中曾承诺，“中华人民共和国尚未参加但已适用于香港的国际协定仍可继续适用”，但由于《公民权利和政治权利国际公约》的特殊性，[①] 为了保证香港回归后能够继续适用该条约，中国政府特别在《香港基本法》中规定：“《公民权利和政治权利国际公约》、《经济、社会与文化权利国际公约》和国际劳工公约适用于香港的有关规定继续有效，通过香港特别行政区的法律予以实施。”[②] 通过这种手段，特区政府继承了该公约，同时也继承了对该公约的保留，也就是说，时至今日，该公约第25条b项仍不适用于香港，也就不能以此作为香港政制发展的法律依据了。

---

① 该公约第50条载明，“本公约各项规定应一律适用于联邦国家之全部领土，并无限制或例外”，但在香港回归时，中国尚未加入该条约。

② 《香港基本法》，第39条第1款。

**（二）行政长官、立法会的选举办法是香港政制发展的核心内容**

弄清了香港特别行政区政制发展的法律依据问题，接下来就应该讨论特区政制发展的主要内容。从香港社会关注的重点可以看出，行政长官、立法会的选举办法是政制发展的焦点，此外，立法会中法案、议案的表决程序也是政制发展可能涉及的内容。[①]

1.《香港基本法》对行政长官、立法会选举办法及立法会中法案、议案表决程序的既有规定

行政长官选举。《香港基本法》附件一规定了行政长官的产生办法，修改前的规定是：行政长官由一个 800 人的选举委员会选出；不少于 100 名的选举委员可以联合提名行政长官候选人，每名委员只可提出 1 名候选人；候选人名单确认后，经 1 人 1 票无记名方式选出行政长官候任人，由中央人民政府任命。

立法会选举。《香港基本法》附件二规定了立法会的产生办法，修改前的规定是：立法会议员每届 60 人，立法会选举由功能组别选举和分区直接选举两部分构成，两种选举方式各选出 30 名立法会议员。

立法会中法案、议案的表决程序。《香港基本法》附件二规

① 笔者认为，香港区议会改革也可以划入政治体制改革的范畴内，区议会是地区层次的议会，主要职责是就市民日常生活事务向政府提供意见，本身并无政治功能，但新的政改方案通过后，区议会被注入了更多的政治元素。区议会改革的方向是逐步减少、直至取消委任议员，但其修改仅限于本地立法层面，因此本文不作过多论述（目前的区议会议员由三部分组成：民选议员、委任议员及当然议员，历届区议会的人数均不固定，但总数大致是 500 人左右，其中的委任议员人数占 1/5 左右）。

定了立法会对法案、议案的表决程序，修改前的规定是：政府提出的法案，除另有规定外，获得简单半数以上得票即为通过；议员个人提出的议案、法案和对政府法案的修正案，均须经功能团体产生的议员和分区直接选举产生的议员各过半数支持方可通过。[①]

2. 香港特别行政区政制发展的方向

香港特别行政区行政长官的产生办法和立法会的产生办法，是香港政治体制的重要组成部分。行政长官、立法会议员如何能够通过一个普及而平等的方式选举产生是多方关注的焦点，立法会的表决程序能否及如何作出修改，也受到了普遍的关注。

行政长官选举的最终目标是“由一个有广泛代表性的提名委员会按民主程序提名后普选产生”。目前的改革方向是：增加提名委员会人数，保证香港社会各界都能充分被代表，逐步扩大提名委员会的民主成分；设置合理的提名门槛，在达到筛选目的的同时允许多余一名的人士成为候选人。立法会选举的最终目标是“全部议员由普选产生”。目前的改革方向是：适当增加立法会议席数，增加立法会选举的民主成分；同时研究是否可以及如何保留功能组别并符合“普选”要求，保证“均衡参与”的基本原则。立法会表决程序的修改重点在分组点票机制上，但在功能组别的去留尚未定论的情况下，社会上对改革分组点票机制的呼声尚无法进入实际操作程序。

这里需要指出的是，根据《香港基本法》的有关规定及全国人大常委会释法，以上内容可以进行修改，也可以不进行修

① 这种立法会个人提案及对政府修正案的表决机制又被称为分组点票机制。

改，修改与否要取决于其能否更好地维护“一国两制”、“港人治港”、“高度自治”的方针，能否符合“循序渐进、均衡参与”的原则，能否促进香港社会繁荣稳定、持续发展，以及能否更好地保证港人自身权益。

### （三）香港政制发展的程序问题

《香港基本法》附件一第七条和附件二第三条规定，修改行政长官的产生办法、立法会的产生办法和法案、议案的表决程序，须经立法会全体议员 2/3 多数通过，行政长官同意，并报全国人民代表大会常务委员会批准或备案。但“修改”由谁提出、谁决定可以进行“修改”、“修改”的法案由谁提出等问题却没有明文指出。针对这些问题，全国人大常委会在对《香港基本法》附件一第七条和附件二第三条的解释中，根据立法原意对此进行了解释和说明：“是否需要进行修改，香港特别行政区行政长官应向全国人民代表大会常务委员会提出报告，由全国人民代表大会常务委员会依照《中华人民共和国香港特别行政区基本法》第 45 条和第 68 条规定，根据香港特别行政区的实际情况和循序渐进的原则确定。修改行政长官的法案及其修正案，应由香港特别行政区政府向立法会提出。”①

梳理上述的法律条文和人大常委会释法，可以总结出特区政制发展所必经的“五部曲”。第一部是由行政长官向全国人大常委会提交报告，建议政治体制需要进行修改。第二部是由全国人大常委会决定可以启动对政治体制进行修改。第三部是由

① 国务院发展研究中心港澳研究所编：《香港基本法读本》，商务印书馆，2009 年版，第 352 页。

特区政府提出政改方案，并经立法会 2/3 多数通过。第四部是由行政长官撰写并向全国人大常委会提交报告，表示已经按照基本法在立法会 2/3 多数通过特区政府提出的建议方案，并且由行政长官按照基本法已经同意所通过的方案。第五部是由全国人大常委会批准对附件一的修订以及对附件二的修订作备案。这“五部曲”中每一个环节都是不可或缺的，共同构成了进行政治体制改革的法律程序。

### （四）中央在香港政制发展中的决定权

从政制发展所必经的“五部曲”中不难看出，中央在香港政制发展中扮演着重要角色，实际上，香港的政治体制“是否需要修改和如何修改，决定权在中央。这是宪法和香港基本法确立的一项极为重要的原则，是‘一国两制’方针的应有之义”。[①] 这一点可以从香港特别行政区的法律地位及中央与特区关系等方面进行理解。

1. 香港特别行政区是我国的一个地方行政区域

《香港基本法》第 12 条规定：“香港特别行政区是中华人民共和国的一个享有高度自治权的地方行政区域，直辖于中央人民政府。”也就是说，香港特别行政区同其他各省、自治区、直辖市一样，是我国的一个地方行政区域，它与其他行政区域的区别在于其高度的自治权，同时它直接受全国人民代表大会及其常务委员会、国务院的管辖，中央人民政府所属各部门、各

① 李飞：“关于《全国人民代表大会常务委员会关于〈中华人民共和国香港特别行政区基本法〉附件一第七条和附件二第三条的解释（草案）》的说明”，中央人民政府驻香港特别行政区联络办公室编：《有关香港问题的重要法律文件》，第 120 页。

省、自治区、直辖市对其均无管辖权。

2. 香港特别行政区的法律地位确立了中央对香港政制发展的决定权

香港特别行政区是直辖于中央人民政府的享有高度自治权的地方行政区域。香港特别行政区的高度自治权来源于中央的授权。香港特别行政区的政治体制是由全国人大制定的《香港基本法》予以规定的。我国是单一制国家，不是联邦制，地方无权自行决定或改变其政治体制，[①] 香港的政制发展涉及中央与特区关系，关乎到特区用什么制度去贯彻“一国两制”和基本法的实施，因此，特区政制发展的决定权只有中央才能够行使。

3. 中央正采取积极的态度对待香港政治体制改革

中央对香港政制发展有决定权，并不意味着中央就此事会大包大揽，或是不考虑香港社会对政制发展的合理要求。事实上，中央正根据《香港基本法》的相关规定，按照“从实际出发、循序渐进、均衡参与”的原则，充分考虑到香港全社会对政治体制改革的愿望和期待，积极处理香港政制发展问题。从2003年开始，中央就积极回应香港社会对政治体制改革的呼声。2007年12月29日，全国人大常委会在《全国人民代表大会常务委员会关于香港特别行政区2012年行政长官和立法会产生办法及有关普选问题的决定》中明确规定：“2012年香港特别行政区第四任行政长官的具体产生办法和第五届立法会的具体产生办法可以作出适当修改；2017年香港特别行政区第五任行政长

① 李飞：“关于《全国人民代表大会常务委员会关于〈中华人民共和国香港特别行政区基本法〉附件一第七条和附件二第三条的解释（草案）》的说明”，中央人民政府驻香港特别行政区联络办公室编：《有关香港问题的重要法律文件》，第120页。

官的选举可以实行由普选产生的办法；在行政长官由普选产生以后，香港特别行政区立法会的选举可以实行全部议员由普选产生的办法。”这正式为特区政治体制改革确立了时间表。2010年6月，香港特别行政区立法会表决通过了《2012年行政长官及立法会产生办法建议方案》，8月底，全国人大常委会高票通过了行政长官及立法会产生办法修正案草案，香港特别行政区的政制发展终于向前迈出了坚实的第一步。

## 三、关于2007年及2008年两个选举办法的修改以失败告终

《香港基本法》附件一及附件二规定，2007年以后行政长官和立法会的产生办法可以进行修改，使香港社会对2007年行政长官选举、2008年立法会选举及其后的选举是否可以修改及如何修改产生了广泛关注，社会上甚至出现了2007年、2008年彻底实现普选的呼声。2003年，特区政府开始就2007年以后的政制发展工作展开内部研究，并于2004年初成立政制发展专责小组，正式着手处理特区政制发展问题，经过近两年的努力，2005年12月，特区政府提出了政改建议草案交立法会表决，但该方案因泛民主派“捆绑否决”而未获立法会通过，第一次政改以失败而告终。

### （一）政制发展专责小组第一至第四号报告书的推出过程

2004年1月至12月之间，政制发展专责小组共推出4份报告书，其中前两份集中处理了《香港基本法》中有关政治发展

的法律程序和原则问题，第三和第四份报告提出了 2007 年行政长官及 2008 年立法会产生办法中可以修改的部分和社会人士对修改的意见和建议。在此期间，行政长官董建华向全国人大常委会提请就两个选举办法是否可以作出修改作出决定，全国人大常委会同意在循序渐进的基础上对两个选举办法作出适当修改，至此，第一次政改尝试完成了“五部曲”中的前两部。

1. 从政制发展专责小组成立到全国人大常委会批准可以对两个产生办法进行适当修改

2004 年 1 月 7 日，行政长官董建华在施政报告中表明了中央及特区政府对香港政制发展问题的关注，并于当日成立了一个由政务司司长领导、包括律政司司长和政制事务局局长组成的政制发展专责小组，专门处理香港政制发展问题。同年 3 月，政制发展专责小组第一号报告出炉，集中发表了专责小组对《香港基本法》中有关政制发展法律程序的看法。4 月 6 日，全国人大常委会进行释法，对《香港基本法》附件一第七条和附件二第三条的立法原意进行说明。4 月 15 日，专责小组发表第二号报告，集中处理了《香港基本法》中有关政制发展的原则问题。随后，行政长官董建华向全国人大常委会提交了《关于香港特别行政区 2007 年行政长官和 2008 年立法会产生办法是否需要修改的报告》，报告中阐明行政长官及特区政府认为应该对两个产生办法作出适当修改，并提请全国人大常委会确定。

2004 年 4 月 26 日，全国人大常委会通过了《全国人民代表大会常务委员会关于香港特别行政区 2007 年行政长官和 2008 年立法会产生办法有关问题的决定》，其主要内容是：香港特别行政区 2007 年第三任行政长官选举不实行由普选产生的办法；2008

年立法会选举不实行全部议员由普选产生的办法；功能团体和分区直选产生的议员各占半数的比例维持不变，立法会对法案、议案的表决程序维持不变，在此前提下，可依据《香港基本法》的相关规定对两个选举办法作出符合循序渐进原则的适当修改。这意味着中央就特区政制发展问题发出明确信号，确定香港政制可以从 2007 年开始循序渐进地向前发展，首次政改尝试即将进入特区立法会能否通过特区政府的修改建议的关键阶段。

2. 专责小组发布第三号和第四号报告书，就两个选举办法的修改进行充分咨询

全国人大常委会作出上述决定后，政制发展专责小组于 5 月 11 日发表了第三号报告书，题目为《2007 年行政长官及 2008 年立法会产生办法可考虑予以修改的地方》，报告将以下几方面纳入政改的考量范畴，主要包括：行政长官选举委员会的人数、界别划分、提名门槛、选委会的选民范围，以及立法会议席数目、功能界别的选民范围及数目、立法会议员的国籍问题。随后，专责小组进行了 5 个多月的公众咨询，在公众咨询期，专责小组共举行了 12 场专题研讨会及小组讨论，收到了公众人士和社会团体通过不同渠道递交的 480 余份书面意见和建议，广泛听取了来自香港社会各界的声音。

2004 年 10 月 15 日咨询期结束后，专责小组发表了第四号报告书，题目为《社会人士对 2007 年行政长官及 2008 年立法会产生办法的意见和建议》，尽可能全面地整理了社会上对两个选举办法的修改建议，其中凝聚的社会主流意见如下：a. 适当增加行政长官选举委员会人数；扩大选委会的选民范围以增加民主成分；调整行政长官候选人提名门槛。b. 增加立法会议席

数目；扩大功能组别的选民基础并对现有组别作出适当调整；保留现有立法会议员国籍规定并逐步进行微调。c. 考虑订出普选时间表并研究立法会功能组别未来路向。

### （二）政改方案在立法会遭遇泛民主派议员“捆绑否决”

在发表第四号报告书之后，专责小组又进行了五个半月的广泛咨询，邀请社会各界在第四号报告书的基础上，进一步提交意见。2005 年 10 月 19 日，专责小组第五号报告书出台，提出了 2007 年行政长官及 2008 年立法会产生办法的建议方案，得到了主流民意的支持，泛民主派却罔顾民意，执意否决政改方案。为了争取泛民主派的支持，特区政府在立法会表决前夕承诺逐步削减区议会委任议席作为该方案的补充，但在 12 月 23 日的表决中泛民主派还是以“捆绑投票”的方式投了否决票，使得政改方案因未获得立法会 2/3 以上议员同意而夭折，第一次政改尝试以失败告终。

1. 政改方案提出并得到主流民意支持

2005 年 3 月，行政长官董建华因身体原因辞去特首职务，曾荫权通过补选继任，许仕仁顶替曾荫权出任政务司司长，主理政制发展问题。虽然人事变动客观上延缓了专责小组的工作进程，但是针对第四号报告书所做的咨询还是相当深入和彻底的：整个咨询期至 2005 年 5 月 31 日结束，其间举行了多场的研讨会、公开论坛和公听会，共收到超过 450 份意见书，专责小组还应约与 16 个不同团体的代表和一名人士会面，力争制定出一套既协调各方利益，又能被各方接受，最主要是能够推动香港政制向前发展的主流方案。

2005年10月19日，专责小组发表第五号报告《2007年行政长官及2008年立法会产生办法建议方案》，其主要内容是：

a. 2007年行政长官产生办法建议：把选举委员会委员数目由目前的800人增加至1600人；第一、第二及第三界别每个界别的委员人数由200人增加至300人；第四界别委员人数增至700人，主要是把全数区议员纳入选举委员会；提名门槛维持在1/8的比例，即200人；只有一名获有效提名的候选人的情况，仍须继续选举程序。

b. 2008年立法会产生办法建议：立法会议席由60席增至70席，直选和功能界别各占35席；新增的5个功能界别议席，全数拨归区议会，有关席位由1席增至6席，由区议员互选产生。

c. 关于行政长官任期的法律问题：《香港基本法》第46条原意是行政长官只可连任一次，剩余任期亦算一任；在《香港基本法》第53条第2款的情况下产生的行政长官有权在任期内，解散立法会一次；若行政长官在任期届满前6个月内缺位，便无需安排补选，在此期间由署理行政长官代理其职务。

该方案得到了主流民意及社会各界的支持。香港理工大学在随后的电话访问统计结果表明，表示接受该方案的民众占55.1%，不接受的仅占22.4%。基本法委员会委员兼香港大学法律系教授陈弘毅也表示："政制发展第五号报告书所提出的政改方案，符合基本法循序渐进发展民主的方向和人大释法的有关决定，比现行的选举办法增加了民主成分，标志着香港的民主进程向前迈出新的一步。"① 社会各界、各团体也分别以不同

① 陈弘毅："吁求同存异为民主迈新步 采纳方案比原地踏步好"，载《大公报》，2005年10月20日，A06版。

方式表示支持该方案，认为该方案是在迈向普选道路上的一个合适的安排，客观上符合当时的社会情况并充分考虑到了多方利益，因此是可以接受的。

2. 政改方案遭遇泛民主派“捆绑投票”，未获得立法会通过

政改方案虽然得到了主流民意的支持，但是在立法会中拥有关键否决权①的泛民主派却并不“买账”。泛民主派主要政党民主党就政改方案开出四大条件，包括取消区议会委任制及委任区议员投票资格、提供普选时间表及路线图、大幅扩大选举委员会的选民基础及取消功能组别公司及团体票，逼迫特区政府大幅修改政改方案。一些激进的立法会议员更是执意坚持2007年、2008年进行双普选，不支持此外任何形式的政改方案。争论的主要焦点集中在普选时间表上，泛民主派要求特区政府在这个问题上作出承诺，香港社会在主流民意支持通过政改方案的同时，也有相当一部分民意希望中央及特区政府在普选的时间和路线上有所交待。

特区政府为了使政改方案能够获得通过，在加大宣传力度，争取更广大民意支持的同时，尽其所能对立法会议员进行游说工作。在获得了建制派议员的普遍支持后，特区政府将重点放在了对泛民主派议员的工作上，试图争取到足够的支持票。特区政务司司长许仕仁在与民主党的会面时强调，订立普选时间表超出了本届政府的职权，并已经就此向中央进行了反映，并表示现有的政改方案已经是最大努力，没有让步余地。在完成了十八区区议会之旅并取得十六区支持、仅两区反对的成绩后，

① 政改方案须经立法会议员2/3多数赞成方可通过，在当时的60人立法会议员中，泛民主派议员占到了25席，拥有关键否决权。

许仕仁更以“打麻将”来比喻政改，呼吁泛民主派支持方案，以免都成输家。与此同时，中央政府也通过各种途径释放善意，全国人大常委会副秘书长乔晓阳于12月初在深圳举行的研讨会中讲到，目前香港有支持政改方案和要求制订普选时间表两种民意，两种民意都应得到尊重，应该分开处理，才能推动香港政制发展。只要迈出（政改）这一步，香港离普选目标就会越来越近。如果只是原地踏步的话，只会离普选越来越远。[①] 随后，中联办副主任李刚也在公开场合呼吁先通过政改方案，再讨论普选时间表。

政改方案表决前夕，特区政府宣布将逐年减少区议会委任议席直至取消，[②] 作为对方案的补充，以此向泛民主派释放诚意。但泛民主派仍一意孤行，宁可政改步伐停滞不前也不愿妥协，在12月21日的立法会表决中，25名泛民主派议员捆绑投票，其中24票反对、1票弃权，政改方案只获得34票赞成而未获得立法会2/3多数通过，第一次政改尝试至此以失败告终。

### （三）简短的评论

特区政府的第一次政改尝试就这样以失败收场，抛开应该归咎于谁不论，香港特别行政区确实失去了一次向普选迈进的机会，导致政制只能原地踏步，在这个层面上，政改一役没有

---

① 李刚：“应尊重两种不同意见”，载《香港商报》，2005年12月6日，B01版。

② 该调整的具体内容是：第一，2008年的新一届区议会，减少1/3委任议席；第二，政府将在2011年底视社会的反应及区议会的运作情况，于2012年开始的新一届区议会考虑是否全数取消或者再减一半委任议员；第三，最迟至2016年全部取消委任议席。

赢家。但同时，香港特别行政区乃至中央也积累了宝贵的政改经验，为未来政制发展奠定了基础。

特区政府在凝聚主流民意，争取更广泛支持方面取得了成绩。回顾整个政改过程，特区政府始终以《香港基本法》的有关规定为依据，以凝聚香港社会共识为目标，政制发展专责小组做了大量充分的咨询和沟通工作，形成了五份高质量的报告书，得到了主流民意的肯定和支持。政务司司长许仕仁在立法会表决后也表示，曾经一度获得足够的支持票数，但只因表决关头泛民主派实行“捆绑投票”而遭否决，个别泛民主派议员也对“捆绑”的做法颇有微词，直言否决票并非其真正意图的表达，[①] 这也从一个侧面反映出特区政府的沟通工作取得了效果。

中央通过全国人大常委会的决定及对《香港基本法》的解释，确定了政改“五部曲”的程序并申明了对特区政制发展的决定权，由于法理充分，香港全社会也都接受了中央在政制发展中的角色。同时，中央也注意到香港民意对普选时间表和路线图的高度关注，2007 年底，全国人大常委会做出了 2017 年可以普选行政长官，行政长官普选后可以普选立法会的决定，表明了中央对香港普选时间表的态度，这也成为日后取得温和泛民主派支持，第二次政改尝试能够成功的关键。

## 四、关于 2012 年两个选举办法的修改获得成功

首次政改失败后，政制发展的工作并未停止，2005 年底至

① “刘千石的无奈”，载《大公报》，2005 年 12 月 22 日，A03 版。

2007年，特区政府通过策略发展委员会邀请各界人士对普选问题展开广泛讨论，搜集各方意见。香港社会对政改的热情也未减弱，2012年行政长官及立法会经何种方式产生，越来越成为最重要的广泛关注的政治议题。社会上对此争拗不断，在政府层面上体现为行政与立法关系日趋紧张，在社会层面上体现为政治议题凌驾于经济民生议题之上，政改争论甚至对香港正常的政治经济秩序产生了负面影响。在这种背景下，特区政府再度启动了2012年政改工作。

## （一）从《政制发展绿皮书》的推出到全国人大常委会决定

香港特别行政区政府于2007年7月11日发表了《政制发展绿皮书》，就普选行政长官及普选立法会的模式、路线图及时间表等，分别提出多个备选方案，开始了为期三个月的公众咨询，并以咨询结果为基础评估政府能否拿出一套主流意见。12月12日，香港特别行政区政府公布了《政制发展绿皮书公众咨询的报告》，报告作出了以下的结论和建议：a. 香港社会普遍希望能早日订出普选时间表，为香港的政制发展定出方向。b. 在2012年先行落实普选行政长官，是民意调查中反映出过半数市民的期望，应受到重视和予以考虑。与此同时，在不迟于2017年先行落实普选行政长官，将有较大机会在香港社会获得大多数人接纳。c. 虽然香港社会就行政长官普选模式仍有不同方案，但对于循“特首先行、立法会普选随后”的方向推动普选，已开始凝聚共识。d. 至于立法会普选模式及如何处理功能界别议席，仍是意见纷纭，不过，订定行政长官和立法会普选的时间

表，有助推动这些问题的最终解决。[①]

基于上述结论，行政长官曾荫权认为2012年行政长官和立法会的产生办法需要进行修改，并于发表绿皮书报告当日向全国人大常委会提交了《关于香港特别行政区政制发展咨询情况及2012年行政长官和立法会产生办法是否需要修改的报告》，提请全国人大常委会予以确定。

12月29日，全国人大常委会发表了《全国人民代表大会常务委员会关于香港特别行政区2012年行政长官和立法会产生办法及有关普选问题的决定》，决定的主要内容是：a. 2012年行政长官和立法会不实行由普选产生的办法。b. 2017年行政长官可以由普选产生。行政长官普选之后立法会全部议席可以由普选产生；c. 2012年行政长官和立法会的选举办法可以作出适当修改，但立法会选举中功能组别和分区直选各占半数的比例不变。这一决定不但为2012年政制改革亮了绿灯，而且中央在法律层面上就普选时间表问题进行了确定，作出了庄严的普选承诺。

### （二）政改方案在接纳民主党建议后获立法会通过

1. 特区政府发表《2012年行政长官及立法会产生办法建议方案》

2008年下半年开始，金融海啸席卷全球，[②] 特区政府不得不

① 《政制发展绿皮书》公众咨询报告，载香港特别行政区政府网站，http://www.cmab.gov.hk/doc/issues/MainReport_tc.pdf，2011年11月20日访问。

② 此次危机肇始于2007年8月的次级房屋信贷危机，此后投资者逐渐对按揭证券的价值失去信心，引发了更大规模的流动性危机，2008年9月9日，金融危机开始失控并重创全球经济，时至今日，全球还尚未走出此次危机的阴霾，危机对香港经济也造成了相当大的影响。

集中全力抵御其对香港经济带来的巨大冲击，政制发展工作被暂时押后。2009年11月18日，特区政府发表了《2012年行政长官及立法会产生办法咨询文件》，该文件罗列了修改两个产生办法时可考虑的方向，并提出了特区政府的修改建议，即：选举委员会扩充至1200人，维持1/8的提名门槛，并将第四届别新增的大部分席位分配给区议员；立法会议席数增加至70席，新增的5席功能组别议席及原有的1席区议会议席全部由民选区议员互选产生，以增大功能组别选民基础；其他内容暂不修改。

随后，特区政府开展了为期三个月的咨询。在咨询期间，特区政府通过不同渠道广泛听取了市民、不同界别团体和人士、立法会以及区议会的意见，共收到4.7万余份书面意见及160余万个签名，共举行、出席各种形式的论坛及会议80余个，并出席了立法会、区议会的专门会议。各权威机构的民意调查结果显示，支持特区政府修改建议的民众占到五成以上，接近六成的民众希望立法会能够通过特区政府的提案，修改建议得到了主流民意的支持。

在此基础上，特区政府于2010年4月14日发表了《2012年行政长官及立法会产生办法建议方案》，其主要内容是：

a. 2012年行政长官产生办法建议：把选举委员会委员数目由目前的800人增加至1200人；第一、第二、第三及第四界别每个界别的委员人数由200人增加至300人，前三个界别按比例增加，第四届别增加75位民选区议员及10位立法会议员，剩余15席按比例增加；提名门槛维持1/8的比例，即150人。

b. 2008年立法会产生办法建议：立法会议席由60席增至70席，直选和功能界别各占35席；新增的5个功能界别议席全数拨归区议会，连同原来的1个区议会席位由民选区议员以“比例代表制”互选产生。

c. 本届特区政府只有权处理2012年两个选举办法的修改，此后的政治改革将交由未来的各届政府处理；取消区议会委任议席的方案将在通过两个产生办法的修改后，尽早在本地立法层面进行处理。

该方案基本上借鉴了之前被否决的方案，建议中选委会增加的人数有所减少，但区议会功能组别全部6席由民选区议员互选产生。特区政府的解释是，在中央已经制定普选时间表的前提下，适当增加选委会人数有利于未来向提名委员会的过渡，同时只由民选区议员互选产生立法会相关议席有助于进一步增加立法会的民主成分。在策略上，特区政府也吸取了上次政改失败的经验，对修改有所保留，并未彻底亮出底牌，这也为日后方案的调整留出了余地。

2. 中央接纳民主党改良方案，政改方案终获立法会通过

方案提出后，中央及特区政府将工作的重点放在了立场较温和的民主党[①]身上。5月24日，中联办副主任李刚就政改方案与民主党核心成员何俊仁、刘慧卿及张文光会面，民主党对方案提出了修订，内容主要是：全部6个区议会功能组别议席由全港在传统功能组别无投票权的选民以一人两票方式选出（即每个合资格选民都有两票，一票投给分区直选，一票投给功能

① 在政制发展问题上，以社民联、公民党为首的激进泛民主派曾经上演了一出“五区总辞”的闹剧，泛民主派阵营内部也因普选路线之争出现分野，以民主党为首的一派立场较温和，倾向与中央及特区政府理性对话，以社民联为首的一派做法日趋激进，甚至呈现暴力政治的倾向。

组别），全面取消区议会委任议席并将民选区议员纳入选举委员会范畴。此后，包括全国人大常委会副秘书长乔晓阳、基本法委员会副主任梁爱诗、全国人大常委范徐丽泰等重量级人物分别在不同场合表示可以考虑接纳民主党改良方案。6 月 20 日，李刚再度与民主党核心成员见面，转达了中央为民主党提出的“普选区议会方案”开绿灯的信息。他指出，民主党提出的“一人两票”方案，可以提升政改方案的民主成分，有利于立法会通过政改方案；而“一人两票”方案与《基本法》和全国人大常委会的有关决定并不相抵触，且属香港本地立法范畴的问题，他持积极支持的态度，并乐见其成。

6 月 21 日，特区政府正式宣布对政改方案作出调整，新增 5 席功能组别由民选区议员提名，交由不属任何功能组别的选民投票产生。民主党在随后的会员大会上高票通过支持政府的改良方案，令政改方案获立法会通过几成定局。6 月 23 日，特区政府正式提交政改方案供立法会，最终，行政长官产生办法修正案以 46 票赞成，13 票反对获得通过，立法会产生办法修正案以 46 票赞成，12 票反对获得通过。① 几天后，行政长官曾荫权签署了《香港基本法》附件一及附件二修正案草案的同意书，并呈报全国人大常委会批准或备案。10 月 18 日，全国人大常委会高票通过了这一草案，整个修改行政长官和立法会产生办法的“五部曲”法律程序终于全部完成，修改正式进入本地立法阶段。

此后，特区政府迅速展开了对《行政长官选举条例》和

① 在 60 个立法会议席中，立法会主席曾钰成按惯例没有投票，社民联梁国雄会议中途被驱逐出立法会。

《立法会条例》的相关修订工作，并于 2011 年 3 月获得立法会通过。两项修订除了体现政改方案的内容外，还对细节部分作了规定，主要内容包括：a. 在 2012 年 2 月新一届选委会任期开始后，将暂时设立 10 个“特别委员”议席，分别分配给全国政协委员、乡议局及区议会，以填补在 2012 年 10 月前，特区立法会议席尚未由 60 席增至 70 席的差额。b. 新增的 5 个区议会功能组别议席的候选人需获得不少于 15 名直选区议员提名，选举采用名单比例代表制，以确保不同政团均衡参与。c. 新增的区议会功能组别每张候选人名单可使用的选举开支上限为 600 万港元，特区政府给予的财政资助为候选人名单所得有效选票乘以资助额 12 港元/票或申报选举开支的 50%，以较低者为准。2011 年 7 月，立法会又通过了《2011 年选举法例（杂项修订）条例草案》，将行政长官选举开支限额增加至 1300 万港元，至此，涉及 2012 年行政长官和立法会选举的本地立法全部修改完成。

此次政改取得成功：一是归功于香港全社会对政制发展能够进步的期盼；二是归功于特区政府长期不懈地推进香港政制发展的努力，以及中央政府、也包括温和民主派出于香港民主发展和香港长远利益的理性考量和务实态度，可以说是香港政制发展的里程碑。

## 五、结　语

2012 年是特区政制改革向前迈出重要一步的关键年份，3 月份的行政长官选举和 11 月份的立法会选举都将按照新的选举办法进行。两场选举不仅能够测试香港社会对渐进式普选的承受力，还将成为2017年、2020年是否适合普选行政长官及立法会的重要标杆。因此，修改后的选举办法是否能够保证选举顺利进行，选举出的行政长官和立法会能否更好地服务于香港、能否在香港社会经济发展中发挥积极作用，能否令全港乃至全国人民满意，都还是未知数。

邓小平同志曾经指出："香港的稳定，除了经济的繁荣外，还要有一个稳定的政治制度。"[①] 特区政治体制的民主发展，势必要经历一个渐进的过程，任何激进的、跳跃式的发展对于香港社会都是不利的。胡锦涛同志也曾指出："香港特别行政区基本法关于香港政治体制的规定，符合香港的实际情况和香港特别行政区的法律地位。只要我们遵循香港特别行政区基本法有关规定，就一定能够推动香港政治体制循序渐进地向前发展。"[②] 特区政府第二次政改的成功，也证明了《香港基本法》制订的政制发展程序是切实可行的，"五部曲"是可以实现的，同时也证明了中央和特区政府按照《香港基本法》的规定实现行政长官和立法会普选的愿望和决心。然而，我们还应该清醒地认识到，香港的普选之路仍然艰辛漫长，仍需要中央、特区政府及香港各界的不懈努力。

---

① 吴邦国在十届全国人大常委会第九次会议上的讲话，载《人民日报》，2004年4月27日，第一版。

② 胡锦涛在香港回归十周年庆祝大会上的讲话，载中华人民共和国中央人民政府网站，http://www.gov.cn/ldhd/2007－07/01/content_668800.htm，2011年11月22日访问。

# 2011年两岸关系：夯实民意基础 应对新的挑战

薛福康　涂　青

2011年，两岸经贸合作进一步发展，ECFA呈现实施效果好、利用率高、受益面大的特点。同时，辛亥史题的交流促使两岸走向唤起共同历史记忆、构建共同史观之路。进入竞选之年的2011年，两岸政策被热炒，“九二共识”的政治基础面临考验，但马英九当局守住了这一原则立场，维护了两岸基本的政治互信，并受到岛内多数民众的支持。

2012年，两岸关系面临许多新的挑战，深化合作特别是文化交流方面的难度加大，“两岸关系进入深水区”。而随着美国战略东移，台湾更是美国的重要筹码。两岸关系必将进入新的、更为复杂的阶段。

2011年的两岸关系稳中有进，更因“辛亥百年”和台湾“选举年”而别具特色。双方不同的政治文化价值观开始碰撞，岛内不同政党间也重新展开了有关两岸政策的集中辩论，给两岸关系的未来走向增添了新的不确定性。2012年选后，两岸关系无论在经济合作、制度协商，还是巩固政治基础、增进政治互信上，都将进入一个由浅入深的新阶段，双方的谈判协商也可能由易转难，面临更多的挑战。

## 一、2011年两岸交流合作的几大亮点

### （一）ECFA推动经贸合作进一步发展

一是ECFA早期收获清单成效明显。ECFA货品贸易早收清单2011年1月1日正式上路，至第三季度，已呈现出实施效果好、利用率高、受益面大等特点。大陆557项早收产品自台湾进口年增率超过35%；台湾的268项早收产品自大陆进口年增率同样也在35%以上；双方减免关税金额合计近1.1亿美元。货物贸易早收涵盖了10多个行业的产品，受惠的不仅有大企业，更涉及许多中小企业。在服务贸易领域，大陆对台湾开放的11个行业中，有9个行业的82家台湾企业在大陆投资，占同期台资在大陆新设服务企业的8.8%，其中注册资本在100万美元以下的中小企业有45家。台湾对大陆开放的9个行业中，有6个行业的36个项目赴台投资。

二是强化了ECFA相关协议的完善与落实，并全面推进后续各项协商。如“经合会”的成立及其后召开的两次例会除了商定未来议事运作模式，搭建起两岸经济合作制度化与分工合作的平台，还就ECFA及两岸所签协议的落实、完善进行了多次会商，提出多项完善协议的共识与建议。这样的两岸“协议成效与检讨会议”也实现了定期召开的制度化，双方还全面启动了ECFA后续协商，在产业合作与海关合作方面达成多项共识。2011年10月20日第七次“陈江会”签署两岸核安全协议，并公布投保协议和两岸产业合作共同意见，并商定第八次“陈

江会谈”以投保协议和海关合作为优先议题。

三是两岸产业走向深度结合已成趋势。大陆在“十二五规划纲要”中强调要积极落实ECFA及其他协议，以建立、健全具有两岸特色的经济合作机制，并列出未来两岸合作的重点项目，为两岸产业合作提供了广阔前景。台“经济部”面向“十二五”规划首度成立“两岸产业布局策略小组”，希望将节能环保、新能源等大陆7大战略性新兴产业和台湾的6大新兴产业、4大智慧型产业做最大的结合。2011年10月20日两会发布两岸产业合作共同意见，以LED、无线城市、低温物流、TFT-LCD和电动汽车为先期合作的项目。10月28日“经合会”两岸产业合作小组在昆山举办首届两岸产业合作论坛，推动两会共识的落实。

### （二）纪念“辛亥百年”促进了两岸共同史观的建构

建构反“独”共同史观是两岸文化交流中根本性的且突出而紧迫的议题。史观的确立离不开大量的历史事实，以及基于史实基础上的价值判断。只有全面而深入地了解中国近现代以来各历史阶段爱国志士的救国与革命之路，透视中国从封建王朝走向现代的转型过程，体认追求现代化的国强民富始终是中国的理想与历史发展的主脉，才能把握未来中国的发展趋向，才能更客观地认识两岸关系“同属一中”的基本属性以及和平统一的发展方向。只有通过理性客观的历史研究，才能让两岸军事交流、政治对话找到准确的历史切入点。因此，史题的交流具有重大的政治现实意义。

继2010年两岸纪念抗战胜利65周年史题的互动，2011年两岸学界又以纪念“辛亥百年”为契机，再次开启辛亥史题的交流，联合召开了多场研讨会。马当局虽然强调“各自纪念”，但双方发表的谈话再次将两岸关系回归中国历史的脉络，凸显出台湾与大陆关系的本质渊源，彰显“两岸同属一中”的国家认同，并以“孙中山精神”加强两岸精神纽带，凝聚复兴中华民族的共同心愿。此外，岛内两岸统和学会完成了《百年中国》纪录片的摄制，在岛内外播放，并组织岛内青年学生观看研讨，两岸记者举办“重走辛亥路”的联合采访活动等，都有利于民众反思“台独”史观的偏颇与狭隘，促进两岸走向唤起共同历史记忆、在交流中建构共同史观之路。

### （三）重视岛内民意基础，强化基层民众和青年的交流力度

2011 年 2 月，大陆对台工作会议系统提出巩固两岸关系和平发展的四大基础，在政治、文化、经济基础外，首次提出“民意基础”，展现了大陆对岛内基层民意的高度重视，并相应加大了工作力度。

一是大陆产业界主动开启赴台湾南部的“融冰之旅”。海协会长陈云林 2011 年 2 月率 22 家大陆重要企业赴云林、嘉义、台南、高雄等民进党主政的县市访问，与中南部民众直接接触。此行标志大陆有关方面深入岛内社会，构筑台湾民意基础的诚意。今后大陆与台湾中南部的交流将成为 ECFA 早期收获清单交流的新关注点。

二是认真办好两岸民众关心的实事。如积极施行方便两岸人民往来的措施，大陆游客赴台自由行于 2011 年 6 月 28 日启动，两岸直航的航班、航点也进一步扩增；下调台胞来大陆签

注收费标准，增加签注点；在大陆增设四个台湾农民创业园，建立台湾农产品销往大陆的稳定、专业、高效的平台，实现采购的常态化；开放台湾居民在大陆申请个体工商户、参加大陆专利代理人考试，开放台商在福建独资从事音像制品制作发行业务、图书印前排校制作业务；大陆高校免试招收台湾高中毕业生的标准由“学测”的顶标级放宽至前标级；加强两岸在食品安全领域的沟通、协调与合作；投保协议取得共识的内容中，有关台商人身安全通报、利益保护等均超过初步研商时的力度。

三是“海峡论坛”成为两岸基层交流制度化、常态化平台。2011 年 6 月召开的第三届海峡论坛有台湾 22 个县市、32 个界别、上万乡亲参与各项活动，其中来自基层的民众约占 90%，来自南部的民众约占 70%，多数民众是首次参加、首次来大陆。论坛除展现基层心声、发布有利于民众福祉的政策措施之外，活动中的台湾庙会、海峡青年论坛入岛举办、宗亲交流由纯民间向社团组织的协作发展等，成为这届论坛的新亮点。在以往两届的基础上，“海峡论坛”从这届起定每年 6 月举办一周时间，以工会、青年、妇女、民间信仰、宗教交流等为常设内容，正式成为机制化的基层大交流平台。

四是青年交流引人瞩目。要重新塑造两岸共同的价值观和共同的理想使命，青年交流是至为重要的一环。2011 年两岸青年交流盛况空前，不仅 5 月“国共论坛”将青年交流作为研讨主题之一，提出了 青年交流的三项建议，而且受两岸各团体之邀，暑期有近万名台湾青年学生分赴京沪穗闽陕甘等地进行大型交流活动，此外还举办了“海峡两岸学子寻觅孙中山革命足迹”活动、首届“两岸青年 IT 创业论坛”，两岸学生合创大中华青年网等。教育交流与合作也进入真正的双向交流阶段。8月，台湾首次大陆学历采认甄试正式启动，9月，首批大陆学位生入台学习。

大陆扩大岛内民意基础的工作初见成效。据“陆委会”民调显示，在“大陆政府对台人民态度”上，44.7%的受访者认为友善，高于认为不友善的41.5%，[①] 也高于去年39.9%认为友善的比例。

## 二、岛内两岸政策辩论考验和平发展成果

2011年是台湾的竞选年，两岸政策重新被炒热，近三年来两岸和平发展所依据的“九二共识”政治基础面临考验，故岛内政治走向颇为各方所关注。

### （一）大陆强化宣示“九二共识”

一是反复强调认同“九二共识”是两岸关系和平发展的“必要前提”和“重要基础”。2011年年初，海协会长陈云林在会见台商代表时，明确指出两岸和平发展的“真正内涵”就是“反对台独”和“九二共识”，如果这个内涵没了，“可能一切都要重新考虑”，并非如民进党所言的“执政后延续前朝政策”那么简单。7月，国台办主任王毅更明确指出，如推翻“九二共识”，两岸关系将出现三个“难以想象”的局面；10月再次强调，认同并维护“九二共识”是两岸开展商谈的必要条件，由

① “近9成民众主张两岸维持现状”，载台《中国时报》，2011年9月26日。

此澄清民进党刻意制造的我“私下很积极与民进党接触”、没有“九二共识”也能与大陆商谈等欺骗性选举语言，粉碎其既要“和平红利”又要“一边一国”的幻想。11月11日国家主席胡锦涛在夏威夷的“胡连会”中，特别针对“九二共识”指出，“认同‘九二共识’是两岸开展对话协商的必要前提，也是两岸和平发展的重要基础”。12月16日，全国政协主席贾庆林在海协会成立20周年纪念大会上讲话时再次强调：否定“九二共识”，两岸协商就难以为继，已有的协商成果也将难以落实，两岸关系势将重现以往曾有过的动荡不安，最终伤害两岸同胞的利益。

二是明确将2011年的两岸关系发展的主轴定位在“稳中求进”，确保两岸关系稳定、有序、良性发展。所谓“稳中求进”，即既要牢牢把握两岸关系和平发展方向，不断强化“反对台独”、“九二共识”的政治基础，防止“台独”势力重新在岛内主宰政局，以维护两岸既有的和平发展成果和势头，又要加大三年多来两岸两会商谈达成的各项协议的执行、改善与落实力度，继续按照“先易后难、先经后政、把握节奏、循序渐进”的思路推动两岸交流继续深化与机制化，使和平红利为两岸更多人民所共享，从而不断扩大岛内支持两岸和平共赢发展的民意基础。

三是以善意、认真、冷静的态度处理突发事件。面对朝野政党对突发事件的反应及其对岛内社会的冲击，大陆坚守原则立场，反击“台独”挑衅，但对马当局的选举语言则低调冷静处理，加大善意沟通，牢牢把握两岸关系发展的大方向。对两岸民间发生的安全事故，则及时沟通协调，尽最大可能做好善后工作，彰显两岸血浓于水的感情。

### （二）马当局大陆政策体现出选举年特点

为巩固基本盘及争取更多选民认同，马当局将其大陆政策论述回归“中华民国宪法”，一方面与民进党政策进行区隔，另一方面也“为两岸关系建构完整的法律架构，有助于确立台湾及两岸关系的定位，不至因为选举语言或政府轮替而出现摇摆或混淆”①。2011年10月，马在其“黄金十年”竞选政见的“两岸篇”中，提出“未来10年审慎考虑两岸签署和平协议”的构想，展现其连任后继续制度化两岸关系发展的政治愿景。

面对两岸“事涉主权问题”的突发事件，如菲律宾台籍犯遣送大陆、WHO内部文件将台湾标注为中国一省、台退役将领有关“国军、陆军都是中国军队”言论等，民进党、“台独”势力不断抹红攻击，马当局为化解民进党的抹红诋毁，彰显其“坚守主权”之心，对大陆展现了强硬姿态，表现出明显的选举操作。但对“主权性”较低的两岸突发事件，如罗哲贤间谍案、军机跨越“台海中线”事件、“六四”等，则相对低调处理。

总体来看，马当局守住了“九二共识”的原则立场，维护了两岸基本的政治互信。特别是面对美国前在台协会主席、现任布鲁金斯研究院东北亚政策中心主任卜睿哲关于“两个中国”概念可以试用于两岸关系的谬论，②马当局立场明确、反驳及时，

---

① “坚持‘九二共识’马：政治论述兼具法律基础”，载台《中央日报》，2011年2月8日。

② “府：秉‘九二共识’追求和平发展”，载台《中国时报》，2011年5月22日。

维护了两岸政治互信。

### （三）国际社会对两岸关系和平发展持支持态度

自2008年5月以来，两岸关系和平发展的新局面获得国际社会的广泛肯定。2011年1月，奥巴马总统与胡锦涛主席会晤后发表的联合声明中，支持两岸关系和平发展，赞扬两岸签署ECFA，期待建立更积极稳定的两岸关系。国际舆论对两岸关系的和平发展也多持积极正面的评价。

另一方面，民进党的“中国政策”则始终未能赢得国际社会的认同。2011年蔡英文率团赴欧、美、日访问，密集拜会三国的朝野政要，宣传其未来的“中国政策”，但由于其坚持不承认、不接受“九二共识”的立场，对两岸政策只提空洞的概念而无具体可行的政策措施，因此，并未能消除国际社会对民进党“中国政策”的疑虑。布鲁金斯研究院一份报告指出，民进党政策是未来“两岸关系最大的变数”[①]。

### （四）两岸大交流大合作局面孕育了台湾新的民情

南台湾部分绿营县市长改变既有政策，如曾在高雄县执政9年的标志性人物、前县长杨秋兴公开赴大陆参访，并支持马英九的两岸政策及担任马的地方辅选顾问；原挺扁企业家林义守邀集南部百余位企业主与陈云林及大陆企业家餐聚；台南市成立海峡两岸经贸发展协会，会员迅速增加到1.2万余人。高雄市长陈菊亲自担任高雄市府两岸工作小组会议召集人、释放出

① “美智库：绿大陆政策是两岸变数”，载台《中国时报》，2011年7月20日。

再访大陆的讯息，并派其文化局长史哲、观光局长陈盛山先后率团赴大陆参访；高雄、台南直航大陆新增航点航班启航时，市府官员亲自迎送大陆客等，都表明他们认识到目前的两岸关系对台湾经济有利、对台湾民众有利。这种氛围开始在南台湾社会发酵，使得仍在观望的绿营县市长感受到压力。

多数民众对两岸关系和平发展有了切身利益的体会和更多的期待，对两岸关系和平发展的必要性与重要性初步形成共识。“陆委会”民调显示，已有49.4%的民众认同“九二共识”是两岸推进制度化协商的政治基础，近60%的民众不认为ECFA有“矮化主权”的问题，且近70%的民众认为这个协议有助维护台湾利益，对两岸签署的协议分别有60%－80%的满意度，[①] 51.7%的民众不认为“‘九二共识’只是国共之间的共识”的说法，[②] 84.4%的民众支持两岸继续透过制度化协商处理两岸交流问题。[③] 这些数字显示岛内多数民众支持马当局的大陆政策。

## 三、未来两岸关系面临的挑战

2012年选后，国民党继续执政，两岸关系磨合力度的加大必然对两岸互信提出更高的要求，马当局能否突破既有政治底线将是关键因素。

① “推进两岸关系 政府主权立场未退”，载台《中国时报》，2011年5月15日。

② “民调：近半数认同‘九二共识’”，载台《中国时报》，2011年9月25日。

③ “民调：民众认同两岸协议护主权”，载台《中国时报》，2011年11月2日。

### （一）大陆与马当局对未来政治走向的期许仍有很大落差

一是马英九的“和平协议说”透露出的政治讯息与大陆的政治期待落差很大。2011年10月17日，马英九论及两岸签署和平协议的议题。随后几天，在绿营的攻击和美国的“关注”下，马连续进行具体阐释，致使“和平协议说”变得模棱两可。11月3日，马英九又提出“两岸模式”的概念，明确表示其核心内涵就是在“宪法”架构下，维持“不统、不独、不武”的现状，同时在“九二共识、一中各表”的基础上，两岸在相当长的时期内维持和平环境，开展深度交流。[①] 马氏“和平协议说”首先反映出马英九的两岸政策定位不高，他只是想用这样的协议为自己的两岸关系政绩划上圆满的句号，而“并非落入大陆的框架”[②]。这符合马一贯的“反共”、“和中”、“捍卫台湾主流民意”的政策底线。“马氏和平协议”既可抵御“台独”，与蔡英文模糊不清的所谓“可长可久的两岸架构”进行区隔，也可针对大陆，以制度化的“两岸模式”抵制“一国两制”，还可在制度面上预防大陆与民进党交往时任何一方片面偏离协议，以确保台湾的利益不因政党轮替而遭受损失。而且，马将“公投”列为“民意支持”和平协议的前提项，将使未来两岸政治商谈更加复杂化。

二是两岸深化交流合作的难度加大。其一，ECFA生效之

① 马英九：“台湾与大陆是独特两岸模式”，中国评论新闻网，2011年11月3日。

② 赖幸瑗：“是维持现状 非终级统一”，载台《中国时报》，2011年月10月19日。

后，两岸开始进入实质经贸议题的谈判阶段。从大陆让利走向双方互惠互利阶段，推动两岸真正形成利益共同体，是下一阶段两岸关系能否继续深入发展的观察点，协商难度加大。特别是随着两岸经贸合作深入，相关协议碰触彼此“身份”、制度、法律的问题会越来越多，这从投资保障协议协商过程艰难、大陆规划海西经济区并倡导双方在区域内率先进行共同治理的尝试遭到台方冷遇等事例来看，海基会董事长江丙坤所言“两岸关系已进入深水区”并非虚言。卜睿哲也预测，无论 2012 年国、民两党谁上台，两岸关系“陷入泥潭”的可能性都很大。[①] 其二，双方对两岸文化协议签署的共识仍然不足。2011 年初，国台办主任王毅在第九届两岸关系研讨会上再次提出“不断累积签署两岸文教交流协议的共识”与四项深化文化交流合作的意见，5 月，文化部副部长赵少华赴台与岛内相关单位就两岸文化协议的内容、方式、框架进行讨论，但马当局再次以“目前看来没达到这个阶段”[②] 为由明确拒绝。分析其中原因，大致有三：（1）台当局目前文化交流合作的重点在文化产业利益，现有协议已基本能解决台湾方面在文化交流领域中遇到的问题，它关注的下一个议题是签署两岸出版业的协议；[③]（2）台认为，签署文化协议要建立在双方文化的彼此认同之上，目前岛内民众无论是历史价值观还是政治价值观与大陆社会的差异相当明显，民调显示岛内民众对大陆社会的认同度也相当低；（3）岛内对中华文化与“台湾文化”关系的认知也有相当大的分歧，

---

① 卜睿哲：“谈两岸关系前景”，载台《中国时报》，2011 年 10 月 17 日。

② 陆委会：“谈文化协议时候未到”，载台《中国时报》，2011 年 2 月 10 日。

③ 陆委会：“谈文化协议时候未到”，载台《中国时报》，2011 年 2 月 10 日。

被认为关涉彼此“身份”认定问题，在选举年时更不宜运作，以免给民进党攻击口实。因此，台湾当局对签署文化协议的动力不足。

### （二）美、日等国插手两岸事务的空间扩大

2011年，美国加大了其全球战略重心东移的力度，对东亚地区的战略格局带来重大冲击，使中国的国际安全环境面临严峻挑战。美国在巩固与日本、澳大利亚和韩国三对双边军事同盟的基础上，又为未来发展美日澳、美日韩三边军事同盟作出了铺垫；在南海问题上不失时机地高调放话搅局，不遗余力地拉越联菲，鼓动他们与中国抗衡；在缅甸问题上打拉结合，企图离间缅中关系；在经济问题上积极打造“跨太平洋战略经济伙伴协定”（TPP），企图把中国排除在外，重掌亚洲的经济主导权。种种迹象表明，美国的战略东移是以中国为战略竞争对手，以冷战思维实施战略布局。在这种情况下，一向被他们当作战略筹码的台湾问题，必然是他们要利用的一着棋。

2011年10月“维基解密”曝出，马英九执政后，美国在国防部之外，又主动增设国务院的美台政军对话机制，侧重对岛内政治的关切。该对话机制美方由国务院的东亚局、政军事务局共同主办，台湾方面由“外交部北美司司长”率团与会，显示“双方关系的提升”。[①] 此动向显示，美对两岸政治关系的走向极为敏感。美国必定会加大对其两岸政策进行操控的力度。

民进党也在努力与美国重新建构信任关系与新的互动模式，

① “又是维基解密 台美12项对话管道曝光”，载台《联合报》，2011年9月18日。

争取美国支持。2008年民进党下台后，为修补陈水扁时期“冲撞外交”给台美互信带来的严重伤害，检讨了陈水扁时期对美关系的做法，并频繁与美方负责亚太事务的官员与重要智库交流沟通。目前新的信任模式虽然尚未完成，但已显现出这一模式的主体框架，或可概括为“一个中心，两个基点”：“一个中心”是民进党要迎合美国的亚太战略利益；“二个基点”，一是台美双方在两岸关系上的共识要明确化，以强化共同点及针对分歧找出共识。二是建构岛内“民主机制”以抵抗中国统一。上述内容因比较符合美国的亚太利益，会得到美国相当程度的认同，民进党将在“维持台海军事平衡”、“确保两岸问题能以和平方式解决”、“让台湾人民有决定自己前途的权利”、“台湾与区域经济整合”、“参与国际组织”等方面寻求美国的支持。

加强与日本的交流与联系向来是民进党国际交往的重点。民进党执政八年间的台日关系被双方称为“台日关系最好时期”，凭借历史情感、政治军事同盟、“亲日远中”思维，民进党内老、中世代对日本政商界长年深入经营，日本亲台政客对民进党的信任、支持更甚于对国民党。

2011年“维基解密”继续曝出岛内蓝绿政治人物纷纷向美国交心，国、民两党也在选举年展开了争取美、日等国支持的海外较量，马当局不断呼吁美国军售台湾更先进的武器，在阐释“和平协议”时不断强调“不能忽略国际社会的支持”[①]，这些举动都说明台朝野政党对美、日等国的依赖，也就为美、日等国提供了插手两岸事务的机会。

① 赖幸瑗：“是维持现状非终极统一”，载台《中国时报》，2011年月10月19日。

总之，2012年两岸关系将进入新的复杂阶段。大陆需以更高的自信与智慧，从容应对岛内政局出现的任何变动，排除美日等海外势力对两岸关系的干扰。使两岸关系平稳向前发展。毕竟，只有当两岸坚持“一个中国”理念的力量能够游刃有余地应对前进道路上的困难和反复时，两岸关系和平发展的基础才是坚实的，两岸关系也才能扎扎实实地向着统一的目标迈进。

# PRECIS

## Reading of the "Change" or "No-change" of U. S. Strategy towards China from the Trends of Sino-US Relations in 2011

Zhou Wenzhong

U. S. announced the "Returning to Asia-Pacific" strategy in 2011 which might cause more pressure and containing against China. This policy may be based on US' global strategy to reverse US' decentralization in Asia-Pacific's economy and to balance the rising China requested by some neighboring countries in the region, but the real intension is to act against China. However the new Asia-Pacific strategy has its weakness to encircle China. China should recognize the present situation, respond calmly to US' Asia-Pacific strategy and to promote the Sino-US partnership during this period of strategic opportunities.

## Analysis of Sino-US Relations in 2011 and the Future

Qian Wenrong

The cooperation between China and U. S. was expanded in 2011 with some loss of quality though. What the U. S. government did in 2011 infringed on the sovereign rights of China and challenged China's core interests which damaged the healthy development of Sino-US relations. U. S. pledged to relocate their strategic focus to Asia-Pacific with full range of policies covering politics, economy, military and diplomacy. This is called to serve to US' global strategy while the real target is to contain and guard against rising China and will threaten China in many factors and have deep influence on Sino-US relations. There will be more difficulties and troubles for Sino-US relations in 2012 with increasing contradictions and fights. The newly unveiled Obama's "New Strategy for U. S. Military" and "State of the Union Address" both announced US' military threats and more strained economic and trade relations against China. U. S. have repositioned China from potential rival to practical threat.

## The Korean Peninsula Nuclear Issue and Sino-US Partnership under the New Situation

Yang Xiyu

The process of denuclearization of the Korean peninsula depends not only on the policy and decision making preferences of the high-level North Korean authorities in the post-Kim Jong Ⅱ era, but also on the changing tendencies of the external security environment caused by the policy intension of the foreign great

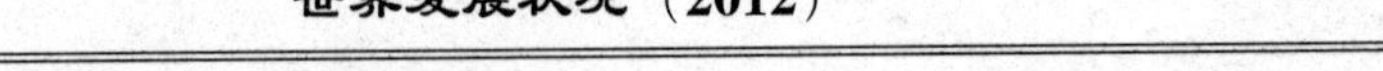

powers, special US' policy on North Korea. China and U. S. have the mutual fundamental interests in achieving long-term peace and stability of the region, while differences are still there. The root of the nuclear issue derives from the two abnormal states in the region: either in the state of war or cold war. China and U. S. ought to step up consultation, coordination and cooperation to enact a package, to establish the peaceful system, to push towards denuclearization, and to promote peace and stability of the Korean peninsula.

## The Debt Crisis Threatened EU and China-EU Relations

Mei Zhaorong

In 2011, the European sovereign debt crisis continues fermenting, deepening and developing which can have great influences on the future and destiny of EU and the recovery and growth of world economy. The crisis is the comprehensive result of multi fundamental causes. It is caused by the accumulation of lots of long-term problems, by the European development mode, free-market theories, western democratic system, and the congenital defect of euro. Thus it is also a political crisis which is a product of the negative effects of globalization. But EU will not fall into disrepair and euro will not fail.

Recently the demands of trade and economic cooperation with China by EU and EU's leading members rise apparently. They have more cautious attitudes when involving China's core

interests. The China-EU relations improve significantly and show a good momentum of positive progress.

## Eurozone Debt Crisis and Evolution of International Strategy Pattern

Yu Fan

The birth of the euro is a product of international strategic balance, and the eruption of the crisis in euro-zone seems to be the result of an international strategic game as well. With the deepening of the crisis, people seem to forget that U. S. is the origin of this crisis and the crisis is far from over there. U. S. and Europe are competing intensely by attracting fresh fiscal to get out of the crisis. Europe will need a more integrated fiscal union to get out which still requires time. China should support the more fiscally unified Europe to go through this crisis, and EU's role as another significant pole in the world arena is important to China.

## Turbulences in West Asia and North Africa: Performances, Roots and Prospects

Tian Wenlin

The turbulences in West Asia and North Africa has been experienced from the public's spontaneous protest to the interference from the West which caused regime changes in some countries and instabilities in the region. The root of the turbulences is the contradictories inside and outside the region. From interior side, this is the long-term accumulation caused by some structural contradictions like change of regime attribute, trapped by globalization by excessive opening and Pro-western diplomacy. From exterior side, the global economic crisis and the regional political and ecological unbalance accelerate these changes. Great reforms will be called in Arab countries and the role of the Army will be enhanced. Islamic regimes will be promoted, geopolitical pattern in Middle East will be restructured, war in this area would be possible.

## Put in Resets Russia

Sheng Shiliang

After eleven-year's period of political stability, Russia will mostly modernize it's authoritarianism built on slow progress. The Russian economy is grim and Russia is facing a lot of challenges politically. The Medvedev-Putin combination is accomplishing their mission. In order to be the single pole of the world stage, Russia is committed to build "Eurasian Alliance" based on regional economic integration. Russia will carry out omni-directional diplomacy, putting priority on developing Russia-EU relations and appropriate attention on Asia, but the Sino-Russia relations will be further strengthened.

## Japanese Political Situation and Sino-Japanese Relations

Wang Xinsheng

Facing the internal power struggle of the Democratic Party

of Japan (DPJ), conflicts with the oppositions and the devastating earthquake, the Naoto Kan administration finally stepped down after months' of struggling. But the Yoshihiko Noda administration encountered with lots of political and economic setbacks, specially with post-disaster reconstruction work and economic development.

Sino-Japan relations was still not stable in 2011, Anti-Chinese sentiment over Diaoyu Islands worked negatively. The consolidation of US-Japan alliance and Japan's intervening into South China Sea disputes will surely constrain the development of Sino-Japan relations.

## Five Trends of the International Situation

Ding Yuanhong

In 2011, the international situation is rather intricate and turbulent. There are five conspicuous trends as following: The U. S. is in deeply trapped in economic crisis and its global hegemony is under serious impact; the process of European unification is seriously delayed by the world financial crisis and the European sovereign debt crisis; the western developed countries dominated international order is getting unsustainable and great changes are about to happen; the chaotic Middle East situation still continues; China's external environment is getting more complicating and facing severe challenges. These five trends will have great impacts on the development of the international situation.

## The Institutional Crisis of the Western Countries and the Dilemma of Globalization

Ding Yifan

Globalization is initiated by Western countries such as the United States and leading members in Europe. Macroeconomic policies in these countries, international economic organizations predominated by them have all played an important role in promoting the globalization. Large multinational corporations in developed countries have taken huge advantages of the globalization, although the dislocation of production also caused some severe unemployment situation back in their home countries. In the context of financial liberalization, the developed countries went through a series of financial bubbles. Meanwhile the growing disparities of revenues among different social groups caused social unrest and political crises.

Facing arising China, Western media tried to blame China for causing such crisis. China have got some benefits from globalization, but also faced the threats of globalization interruption and shrinking markets in developed countries. To ensure the sustainable development of China in the future, we must take into consideration a big variety of requirements, including stimulating domestic demand, undertaking economic restructuring, cautiously managing financial liberalization, enhancing economic competitiveness and protecting the benefits of Chinese overseas investments.

## Development Trend and Influence of International Service Trade

Huang Danhan

Recently, some new characters have been presented with global service trade, the service scope and structure need constant adjustment, new pattern of services are innovated. All of these highlight the limitations and deficiency of the present multilateral service trading system and classified statistics system. China has achieved world-noted achievements in promoting growth of global economy and development of international service trade in recent ten years after entering WTO. China's position and influence in WTO is significantly improved. While the statistic system of service trade was established relatively late, more intensive researches are expected.

There are still uncertainty about the global economy and trade service in 2012. China's export will face more severe risks and crisis challenges. But with the warmer overall expectations of international service trade, China's service industry and trade still have more development space.

## Game between South China Sea Conflicts and Security Order in Ease Asia, a Discussion of China's Countermeasures

Zhang Jie

Tensions have risen regarding South China Sea Disputes. Claimants like Vietnam and the Philippines continue their tough stance and foreign countries led by the U. S. start their intervention, trying to counterweight China together. China still state the efforts to solve the disputes in a peaceful way while limited results can been seen. The South China Sea Disputes will be the key factor to China's peripheral security environment in the near future. It will be the touchstone to test China's rise by showing to the world how to solve the South China Sea Disputes.

## Chinese Economy: Grasp the Nettle and Advance Steadily Analyze the 2011 and Look into 2012

Xie Minggan

China's domestic economic situation in 2011 was full of difficulties, rather austere and complicated, while the situation in 2012 will be even worse with the similar problems. The article analyzes the domestic economy in 2011 and gives some ideas and suggestion while looking into the situation in 2012. There are eight parts in this article as following. How to further resolve the so called "San Nong" issues? How to promote hypostatic economy? How to continue the price drop, specially housing price? How to narrow the gap between income distributions? How to transform the development modes of foreign trade? How to regulate profligacy? This article ends with the forecast on the major economic indexes in 2012 and concludes that China's economy

will maintain a stable and relatively fast development in a quite long time.

## The Political Development Trajectory of HKSAR

Wang Xisha & Jin Xiaochuan

After the establishment of HKSAR, the issue of Hong Kong's Political development is always the focus of community attention, how to introduce elections by universal suffrage for electing both the Chief Executive and the Legislature according to the Basic Law is still the hard core. This article is expected to have some enlightenment on the sustainable development of Hong Kong by introducing some fundamental problems involving Hong Kong's political development and combing through the development trajectory of HKSAR.

## Cross-Strait Relations in 2011: Solidify Public Support and Face New Challenges

Xue Fukang & Xu Qing

The Cross-strait economic and trade cooperation in 2011 was furtherdeveloped in 2011, ECFA started to work with good implement, high efficiency and large benefit coverage. The memento of "Xin Hai Revolution" recalled the shared memories historical concepts. The cross-strait policy was speculated, the "1992 Consensus" was tested while entering 2011 as the election year. But the Ma Ying-jeou authority adhered to this principle, deep-

ened the mutual trust and won the massive domestic support.

The cross-strait relations will be challenged regardless of who will take the office. If Ma stays in power, deepening cooperation specially culture exchanges will be more difficult, the cross-strait relations will go into "deep water area". If DPP is elected, Taiwan will adopt the "peaceful and democratic Taiwan Independence" while the cross-strait peaceful reunification will be opposed. Taiwan will be an important chip when U. S. shifted the strategic focus to Asia-Pacific area. So the cross-strait relations will enter a new and more complicating era.

**图书在版编目（CIP）数据**

世界发展状况（2012）/国务院发展研究中心世界发展研究所编．
—北京：时事出版社，2012.4
ISBN 978-7-80232-516-6

Ⅰ.①世…　Ⅱ.①国…　Ⅲ.①国际形势—2012　Ⅳ.①D50

中国版本图书馆 CIP 数据核字（2012）第 043005 号

出 版 发 行：时事出版社
地　　　址：北京市海淀区巨山村 375 号
邮　　　编：100093
发 行 热 线：（010）82546061　82546062
读者服务部：（010）61157595
传　　　真：（010）82546050
电 子 邮 箱：shishichubanshe@sina. com
网　　　址：www. shishishe. com
印　　　刷：北京百善印刷厂

开本：787×1092　1/16　印张：17.25　字数：200 千字
2012 年 5 月第 1 版　2012 年 5 月第 1 次印刷
定价：45.00 元
（如有印装质量问题，请与本社发行部联系调换）